项目编号:
河南省高校哲学社会科学基础研究重大项目(2021-JCZD-02)
河南省教育科学规划重点课题([2020]-JKGHZD-11)
河南大学哲学社会科学创新团队培育计划(2019CXTD008)资助成果

虚拟社区
知识分享对消费者—品牌关系的影响研究

张洁梅　齐少静　赵永强·著

THE IMPACT OF KNOWLEDGE SHARING ON
CONSUMER-BRAND
RELATIONSHIP IN VIRTUAL COMMUNITIES

中国经济出版社
CHINA ECONOMIC PUBLISHING HOUSE

·北京·

图书在版编目（CIP）数据

虚拟社区知识分享对消费者—品牌关系的影响研究／张洁梅，齐少静，赵永强著．--北京：中国经济出版社，2021.9

ISBN 978-7-5136-6618-3

Ⅰ.①虚… Ⅱ.①张…②齐…③赵… Ⅲ.①互联网络－应用－社区管理－知识管理－研究 Ⅳ.①C916-39

中国版本图书馆CIP数据核字（2021）第180201号

责任编辑　杨元丽
责任印制　巢新强
封面设计　任燕飞设计

出版发行	中国经济出版社
印 刷 者	北京九州迅驰传媒文化有限公司
经 销 者	各地新华书店
开　　本	710mm×1000mm　1/16
印　　张	12
字　　数	180千字
版　　次	2021年9月第1版
印　　次	2021年9月第1次
定　　价	69.00元

广告经营许可证　京西工商广字第8179号

中国经济出版社 网址 www.economyph.com 社址 北京市东城区安定门外大街58号 邮编 100011
本版图书如存在印装质量问题，请与本社销售中心联系调换（联系电话：010-57512564）

版权所有　盗版必究（举报电话：010-57512600）
国家版权局反盗版举报中心（举报电话：12390）　　服务热线：010-57512564

前 言
preface

　　党的十九大报告指出,推动"大智移云"与实体企业深度融合,充分发挥数字技术对零售业的赋能优势。数字经济作为一种新的经济形态,正成为推动经济发展质量变革、效率变革、动力变革的重要驱动力,也是全球新一轮产业竞争的制高点和促进实体经济振兴、加快转型升级的新动能。2016年G20杭州峰会通过的《二十国集团数字经济发展与合作倡议》对"数字经济"的定义,是指以使用数字化的知识和信息作为关键生产要素、以现代信息网络作为重要载体、以信息通信技术的有效使用作为效率提升和经济结构优化的重要推动力的一系列经济活动。互联网、云计算、大数据、物联网、金融科技与其他新的数字技术应用于信息的采集、存储、分析和共享过程,改变了社会互动方式。数字化、网络化、智能化的信息通信技术使现代经济活动更加灵活、敏捷、智慧。随着数字经济强势来袭以及数字技术深入社会各领域,营销方式也随之发生变革。网络技术的发展为虚拟社区的建立提供了技术支持,虚拟社区共享、便利的特征使其在人们的生活中占据越来越重要的位置。

　　参与虚拟社区的用户可以通过分享品牌知识和使用产品感受,实现自身价值并获取认可,也可以通过搜索信息和浏览评论了解品牌产品,使购买风险下降。企业通过建立专属的虚拟品牌社区,在与消费者高度互动的同时可以及时获取消费者反馈,完善产品品质,提升品牌价值。虚拟社区内的知识分享对消费者购买决策和品牌态度的影响受到国内外学者的关注并得到证实。本书探索了虚拟社区知识分享对消费者与品牌关系的内在影响机制,为企业建立虚拟品牌社区维护消费者与品牌的关系提出建议,借鉴 SOR 模型构建虚拟社区知识分享对消费者—品牌关系影响研究框架,参考信息接受模型,将自变量维度划分为知识分享质量、专业能力、社区地位,以虚拟社区感为中介变量,分析消费者—品牌关系强度的作用机制,在知识分享对虚拟社区感的影响中,讨论产品涉入度的调节作用。本书讨论的重点:①从知识分享接收者视角研究知识分享对消费者—品牌关系的影响,绝大多数用户参与虚拟社区是为了获取信息,因此从接收者视角讨论知识分享对消费者—品牌关系的影响十分重要;②虚拟社区知识分享的后效研究,虚拟社区知识分享的相关研究主要集中在前因方面,而对后效的研究则较少涉及,消费者—品牌关系是理论研究和社会实践热点,本书丰富了虚拟社区知识分享的后效研究内容,具有理论与实践意义。

本书采用定性分析与定量分析相结合的方法。首先,基于理论模型设计问卷,在预调研后进行数据收集,借助统计学软件 SPSS 和 AMOS 对收集的数据进行处理,验证本书的理论模型及假设。其次,本书选取五个虚拟品牌社区进行案例分析,通过对实际案例中虚拟品牌社区的分析,包括虚拟社区的构建、知识分享特点、知识分享主体特征及虚拟社区营销,提出不足之处。最后,本书综合实证和案例分析结论提出建议。

实证研究结果显示:①知识分享质量对虚拟社区感的成员感和沉浸感两个维度均有显著的正向影响,即虚拟社区中分享的信息越正确、越完备、越可靠,用户越认同该社区并持续参与社区活动;②知识分享发送者社区地位同样正向影响虚拟社区感的产生,但知识分享者的另一维度专业能力对虚拟社区感的影响没有得到验证,虚拟社区感对消费者—品牌关系强度的影响得到支持;③虚拟社区感对消费者—品牌关系有正向影响;④虚拟社区感在自变量知识分享对因变量影响的中介作用得到验证,为部分中介。案例选择化妆品牌完美日记社区、手机类的小米社区、生活分享类的小红书社区、视频类的哔哩哔哩社区以及直播品牌海狸先生社区进行分析研究,回顾其品牌社区的建立及发展,针对虚拟社区营销中存在的问题提出建议。

本书依据研究结论,为虚拟社区管理提出建议:①明确虚拟社区知识分享质量标准，从源头把关质量，激励意见领袖高效分享、创造品牌知识；②整合不同平台构建虚拟社区，丰富虚拟社区活动形式，引导积极的交流互动，增强社区成员之间的关系；③维护良好的社区环境，提升成员对社区的认同，增加用户黏性；④共创品牌价值，挖掘潜在需求，利用品牌价值实现用户留存。

在本书写作过程中，河南大学企业管理专业研究生唐冰辛整理了第6章小红书的案例并对全书进行了校对，河南大学市场营销专业刘林芳参与了第6章其余几个案例的收集和整理工作，在此表示感谢。

目录
contents

1 绪 论
1.1 研究背景与意义 ·· 1
  1.1.1 研究背景 ·· 1
  1.1.2 研究意义 ·· 3
1.2 研究思路和内容 ·· 4
  1.2.1 研究思路 ·· 4
  1.2.2 研究内容 ·· 5
1.3 研究目的和方法 ·· 5
1.4 技术路线与结构安排 ······································ 6
  1.4.1 技术路线 ·· 6
  1.4.2 结构安排 ·· 6
1.5 创新之处 ·· 8

2 理论基础与文献综述
2.1 相关理论基础 ·· 9
  2.1.1 SOR 模型 ·· 9
  2.1.2 信息接受模型 ······································ 11
  2.1.3 沉浸理论 ·· 12
  2.1.4 依恋理论 ·· 13
  2.1.5 社会认知理论 ······································ 14
2.2 相关文献回顾 ·· 14
  2.2.1 虚拟社区知识分享 ·································· 14
  2.2.2 虚拟社区感 ·· 24

1

		2.2.3 消费者—品牌关系 ··· 26

2.2.3 消费者—品牌关系 ··· 26
2.2.4 产品涉入度 ··· 30
2.2.5 知识分享后效相关 ··· 32
2.3 文献评述 ··· 38

3 研究假设与理论模型

3.1 研究假设 ··· 39
    3.1.1 知识分享与虚拟社区感 ···································· 39
    3.1.2 虚拟社区感与消费者—品牌关系 ························· 40
    3.1.3 虚拟社区感的中介作用 ···································· 42
    3.1.4 产品涉入度的调节作用 ···································· 43
3.2 理论模型 ··· 43

4 研究设计

4.1 变量测量 ··· 45
    4.1.1 自变量的测量 ·· 45
    4.1.2 中介变量的测量 ··· 45
    4.1.3 调节变量的测量 ··· 45
    4.1.4 结果变量的测量 ··· 45
4.2 问卷设计 ··· 47
4.3 调查对象 ··· 47

5 实证分析

5.1 描述性统计分析 ·· 50
5.2 信度检验 ··· 51
5.3 效度检验 ··· 52
5.4 相关性分析 ··· 55
5.5 主效应检验 ··· 55
5.6 中介效应检验 ·· 57

5.7 调节效应检验 ··· 59
5.8 实证研究结果 ··· 60

6 案例研究

6.1 完美日记案例分析 ··· 63
  6.1.1 完美日记公司简介 ··· 63
  6.1.2 完美日记品牌社区创建 ··· 68
  6.1.3 完美日记社区知识分享 ··· 71
  6.1.4 完美日记社区营销不足之处 ··· 75
  6.1.5 关于虚拟社区构建的启示 ··· 76

6.2 小米案例分析 ··· 78
  6.2.1 小米公司简介 ··· 78
  6.2.2 小米品牌社区创建 ··· 82
  6.2.3 小米社区知识分享特点 ··· 85
  6.2.4 小米价值共创过程 ··· 89
  6.2.5 小米社区营销不足 ··· 94
  6.2.6 虚拟品牌社区的营销建议 ··· 95
  6.2.7 关于虚拟社区管理的启示 ··· 97

6.3 小红书案例分析 ··· 98
  6.3.1 小红书平台介绍 ··· 98
  6.3.2 小红书用户 ··· 102
  6.3.3 小红书虚拟社区 ··· 104
  6.3.4 小红书虚拟社区营销 ··· 107
  6.3.5 小红书虚拟社区发展瓶颈与建议 ··· 110

6.4 哔哩哔哩案例分析 ··· 112
  6.4.1 哔哩哔哩简介 ··· 112
  6.4.2 B站虚拟社区构建 ··· 116
  6.4.3 知识分享特点及主体 ··· 122
  6.4.4 B站价值共创模式 ··· 127
  6.4.5 B站虚拟社区的效果分析 ··· 128

6.4.6 B站虚拟社区的不足 …… 129
6.4.7 B站虚拟社区的改进建议 …… 132
6.4.8 B站虚拟社区运营的启示 …… 134

6.5 海狸先生 …… 136
6.5.1 海狸先生品牌简介 …… 136
6.5.2 依托直播短视频构建虚拟社区 …… 142
6.5.3 效果分析 …… 143
6.5.4 知识分享成功的原因 …… 144
6.5.5 关于直播类虚拟社区构建的启示 …… 147

6.6 多案例分析结果及启示 …… 151
6.6.1 整合不同平台构建虚拟社区 …… 151
6.6.2 聚合与分类的精细化管理 …… 151
6.6.3 从源头把关质量 …… 152
6.6.4 意见领袖高效分享 …… 152
6.6.5 利用品牌价值实现留存 …… 153
6.6.6 技术创新应对环境挑战 …… 154

7 研究结论及展望

7.1 研究结论 …… 158
7.2 管理启示 …… 159
7.3 不足之处和研究展望 …… 161
7.3.1 不足之处 …… 161
7.3.2 研究展望 …… 162

参考文献 …… 163
附录 虚拟品牌社区知识分享对消费者—品牌关系的影响研究 …… 177

1 绪 论

1.1 研究背景与意义

1.1.1 研究背景

相比于传统媒体，新兴媒体传播速度快、成本低、信息量大、互动性强。随着社会化媒体应用的逐渐成熟，社会化媒体已成为企业开展营销传播活动不可或缺的渠道。常见的营销载体如微博、微信、论坛和直播等都属于社会化媒体，社会化媒体营销的主要目标是传播和发布对目标消费者有价值的内容、激发消费者互动、建立并维护消费者—品牌关系（Shankar and Inman，2011）。社会化媒体成为企业开展网络营销活动载体的原因是其依托互联网技术实现的便捷性、即时性及社交性，同时，其巨大的数据存储空间及数据处理预测技术可以为商家吸引消费者提供有益建议。社会化媒体的社交性为用户创造了线上社交关系链，用户间的联系增强，社交关系链中的每个节点都可作为内容发布的源头，提升了信息内容的信任度和传播力度。与明星代言和品牌官方宣传相比，基于消费者自身使用体验的分享内容更容易对其他个体的购买决策产生影响。

社会化媒体改变了人们沟通、合作及交流的方式。传统大众媒体品牌沟通是单向一对多的传播方式，消费者的话语权不强（Bacile et al.，2014），而社会化媒体品牌传播是双向一对一互动的传播方式。对于社会化媒体品牌社区而言，关于品牌的信息流是双向的、相互连接的，并且难以预测，企业失去了对品牌的绝对控制，而是参与到关于品牌的"对话"中。传统的品牌传播强化消费者关于品牌的认知和记忆，而社会化媒体品牌社区则是更多地通过消费者参与互动强化社区体验，进而促进与品牌的契合度和认同感。营销人员意识到社会化媒体在顾客关系管理中的强大能力,通过建立品牌社区,社会化媒体为营销人员与顾客的直接互动提供理想环境,与顾客建立并强化品牌关系(Labrecque,2014)。

虚拟社区能促进消费者之间的知识和信息分享行为,刺激消费者的持续参与,提升成员对虚拟社区的认同感并形成忠诚。虚拟社区的出现为人们提供了新的社会化活动场所,传统社区社会化活动的参与者往往是现实中生活在同一社区或彼此间相互熟悉的人员,虚拟社区则可以让不同地区和互不相识的人共同参与(Wang et al.,2012)。加入虚拟社区有利于增进消费者之间的交流互动,产生更多自主生成的知识及体验内容(周涛、鲁耀斌,2008)。随着移动网络技术的更新和消费者需求的多样化,虚拟社区作为线上知识分享和信息交流的载体被越来越多的消费者接受,消费者在选择品牌和服务时更愿意参考消费者之间分享的信息经验(常亚平等,2011)。数字媒体研究集团(Digital Media Research Group)的调查显示,虚拟社区中相关信息和知识对自身产生影响的网民超过了50%。Gensler等(2013)从品牌故事角度出发,经过分析发现,在虚拟社区中,消费者是品牌故事的关键作用者,并且很容易在社区中分享传播品牌体验,消费者能简单快速地分享关于品牌的故事,通过虚拟社区传播品牌故事要比传统渠道更具有影响力。虚拟品牌社区会表现出社会群体属性,也就是说,成员在心理和行为上会受到同社区成员的影响产生跟随现象。因此,虚拟社区的品牌传播广度和深度与传统媒体相比都有大幅度提升(黄敏学,2017)。

在营销实践中,能否建立与消费者长期合作关系是品牌成功与否的基础。学者们也将消费者—品牌关系作为持续关注的对象,相关议题一直是该领域探讨的重点。虚拟社区有助于品牌传播,通常情况下参与传统社会化活动的成员都是相互熟悉的,虚拟社区打破了地域上的界线,使消费者可以随时在线上与有共同喜好的成员互动交流,扩大了交流范围(Wang,2010)。品牌领域的相关研究发现,不同于产品所具有的"物"的属性,品牌更具备价值属性,品牌不仅被消费者当作物品来看待,而且其中融合了人际关系的特征(Fournier,1998)。不少商家将品牌拟人化,设计出宠物版本的品牌形象,与消费者进行沟通，这正是将消费者与品牌当作人际关系去维护、沟通，从而使消费者与品牌之间建立忠诚关系。Fournier 和 Yao（1997）认为，基于关系理论视角研究消费者与品牌间的关系，可以更全面地解释消费者与品牌关系的内涵，了解品牌关系的动态性特征。

在虚拟社区中，消费者之间的互动和分享能够提升消费者体验，建立其与品牌的联系，而用户流失问题是企业发展虚拟社区，维护消费者—品牌关系的重要阻碍。那么，具备什么特征的知识分享能让消费者感知到价值，并满足其需求，从而使消费者产生认同并持续参与虚拟社区？虚拟社区知识分享通过怎样的路径对消费者—品牌关系产生影响？本书借鉴 SOR 模型和信息接受模型构建理论模型，讨论知识分享质量、知识分享主体专业能力、社区地位对消费者—品牌关系的影响，以虚拟社区感为中介变量，从成员感和沉浸感两个维度分析其在知识分享过程中对消费者—品牌关系影响的中介作用，验证产品涉入度是否在知识分享对虚拟社区感的影响中发挥调节作用。

1.1.2 研究意义

（1）理论意义

有关虚拟社区知识分享的研究成果集中在研究影响知识分享的前因，即解释消费者或用户为什么分享内容和信息，用户生成的内容以及分享的信息对其他用户或企业带来的影响是值得关注的。但虚拟社区知识分享后效的研究成果较少，本书提出了知识分享通过虚拟社区感影响消费者—品牌关系强度的假设，丰富了知识分享后效研究的内容，完善了知识分享后效理论，为展开后续研究做了铺垫。

本书以虚拟社区感为中介变量，讨论知识分享通过成员感和沉浸感对消费者—品牌关系的影响路径；产品涉入度为调节变量，分析产品涉入度的高低在知识分享和虚拟社区感关系中的调节效应。

（2）实践意义

第一，本书为企业的在线品牌管理和营销传播提供了新的切入点。社会化媒体营销日渐成熟，通过浏览其他消费者发布的体验信息进行品牌选择和购买决策已经成为消费者购物的"默认程序"，同时，将自身的使用经历和感受进行分享也成为表达对品牌产品态度的手段。企业以构建虚拟社区的方法进行品牌关系管理和营销传播，虚拟社区有效运行的基础是品牌消费者或者潜在消费者对社区的认同和持续参与。本书将分享者特征（专业程度和社区地位）、分享知识的质量分别对虚拟社区感和消费者—品牌关系的影响进行讨论，希望对企业管理虚拟社区、吸引消费者有所启示。

第二，为建立和维护消费者与品牌的关系提供新思路。通过虚拟社区，消费者可以发表评论、获取信息、持续关注品牌新动态，加深消费者与品牌间的联系。企业通过虚拟社区为潜在消费者提供品牌相关信息，在一定程度上降低了吸引新顾客的成本。由于大多数的虚拟社区用户参与虚拟社区是为了获取相关信息，本书从接收者的视角讨论分享内容对消费者与品牌间关系的影响，为企业如何通过社会化媒体平台扩大品牌认知度，建立和维护新老消费者与品牌间的关系提供建议。

1.2 研究思路和内容

1.2.1 研究思路

电子商务和移动网络技术的发展为企业提供网络营销平台的同时，给消费者的生活带来了极大的便利，各类虚拟社区的出现打破了企业主导信息传播内容的局面。消费者通过虚拟社区网站分享、发布有关品牌信息和产品使用体验，自主生成内容的真实性和可信度相对较高，为潜在消费者提供了搜集信息、满足需求的信息库。对于企业而言，创建虚拟社区是为了发布信息、传播品牌故事、提供消费者讨论和参与的平台，从而吸引消费者并维护消费者与品牌间的关系。那么，具备什么特征的知识分享能让消费者感知有用、需求得到满足？学者们认为，虚拟社区知识分享对消费者与品牌间的关系产生影响，那么，影响消费者—品牌关系的机制是怎样的？本书以虚拟社区感为中介变量，研究其作用路径，发现高质量的信息、来源可信度高的信息更易满足消费者需求，从而使消费者认同社区、持续参与社区，产生对社区的成员感与沉浸感；成员对社区的认同和持续参与有助于增加消费者与品牌间的关系强度。

1.2.2 研究内容

本书讨论了虚拟社区知识分享对消费者与品牌间关系的影响，借鉴SOR模型和信息接受模型构建本书理论模型，引入虚拟社区感、产品涉入度，分析其间的作用路径。研究所用数据为虚拟社区用户所填问卷，问卷收集方式为匿名线上收集以及问卷星软件发放，利用SPSS 22.0和AMOS 24.0数据分析软件得出结论，验证本书提出的假设。本书具体研究内容包括以下方面。

通过对文献的回顾与分析，借鉴信息接受模型中影响消费者信息判断的分类，即信息质量、信息源可靠性。本书将虚拟社区知识分享分为三个维度，即知识分享质量、知识分享主体的专业能力和知识分享主体的社区地位。关于虚拟社区感维度的划分，由于本书是从知识分享接收者角度进行研究，而虚拟社区感的维度之一影响力解释的是知识分享主体对虚拟社区及其成员的影响，不在本书的研究范围，因此只考虑成员感、沉浸感两个维度。关于消费者—品牌关系维度的划分方式有许多，本书借鉴消费者—品牌关系强度概念，将其分为承诺、亲密、满意、自我联结四个维度。本书将知识分享作为对知识分享接收者的刺激，将虚拟社区感作为主体的感受，将构建消费者—品牌关系作为消费者受到刺激的反应，验证虚拟社区知识分享通过虚拟社区感这一中介变量对消费者—品牌关系的影响，以产品涉入度为调节变量，分析高产品涉入度和低产品涉入度在知识分享与虚拟社区感关系中的调节效应。

1.3 研究目的和方法

目前，社会化媒体营销日渐成熟，虚拟社区作为社会化媒体营销的一种形式，为企业和消费者构建了交流沟通的平台，用户自主生成的内容传播力度强、可信度高并且能够吸引新老消费者的参与。已有研究提出虚拟社区知识分享对消费者选择品牌有积极影响的观点，但是分享的信息是通过怎样的路径来影响消费者对品牌的态度和看法还有待研究。因此，本书基于SOR模型和信息接受模型构建理论研究框架，从接收者的角度讨论虚拟社区消费者通过知识分享对消费者—品牌关系的影响，期望能为虚拟社区知识分享后效研究提供理论贡献和研究思路，为企业在网络营销实践中如何利用虚拟社区构建和维护消费者—品牌关系提供建议。本书在梳理虚拟社区知识分享、虚拟社区感、消费者—品牌关系等理论基础上，联系现实，系统分析了现有研究的不足和缺口，并以虚拟社区成员为调查对象，运用网络发放问卷的方式收集数据，论证本书提出的观点。

本书采用的研究方法有以下三种。

(1) 文献分析法

为了系统梳理知识分享、虚拟社区感、消费者—品牌关系、SOR 模型及信息接受模型等理论，笔者基于国内外电子数据库，掌握最新文献资料，在阅读并梳理了相关理论的基础上，明确了本书的研究方向和框架。

(2) 问卷调查法

在文献分析的基础上，基于对各变量常用量表，本书设计了符合研究主题的问卷测试，以虚拟社区成员为调查对象，在使用问卷星软件发布问卷的同时，也通过微信发送链接的方式收集了部分问卷，对所获数据的信效度进行了分析，结果显示问卷的信效度均符合研究标准。为了获取更多高质量的问卷，本书通过问卷星软件，以奖励付费的方式吸引用户填写问卷。

(3) 实证分析法

利用统计软件 SPSS 和 AMOS，对本书获取的数据进行检验分析，主要包括信效度检验、相关性分析、路径分析和中介调节效应验证研究假设和理论模型。

1.4 技术路线与结构安排

1.4.1 技术路线

本书在回顾虚拟社区知识分享相关研究及虚拟社区感、产品涉入度等变量的文献基础上，结合实践问题，构建本书模型，通过实证分析理论模型的合理性并验证假设，最后进行归纳和总结，提出本书的研究结论及展望。本书的技术路线如图 1-1 所示。

1.4.2 结构安排

全书的内容结构安排包括以下 7 章。

第 1 章：绪论。根据社会化媒体发展的背景及企业维护消费者—品牌关系的现实意义确定本书的研究问题；着重提出了本书的研究背景及理论实践方面的意义，明确本书研究思路、研究内容及研究目的和方法，以技术路线图的方式展示本书的研究步骤及实证研究中所涉及的测量项。

第2章：理论基础与文献综述。回顾和总结了国内外关于SOR模型及信息接受模型、虚拟社区知识分享、虚拟社区感、消费者—品牌关系的相关研究，综述研究成果。

第3章：研究假设与理论模型。基于国内外相关研究及成果，分析目前相关研究的不足，结合企业管理的实践问题，提出相关假设，主要包括知识分享对虚拟社区感的影响、虚拟社区感对消费者—品牌关系的影响、虚拟社区感在知识分享与消费者—品牌关系影响中的中介作用、产品涉入度在知识分享与虚拟社区感之间的调节作用，并构建了本书的理论模型。

第4章：研究设计。在国内外各变量成熟量表的基础上设计了本书的调查问卷，确立虚拟社区成员为调查对象，通过微信及问卷星样本服务收集问卷。

第5章：实证分析。利用 SPSS 22.0 和 AMOS 24.0 软件分析数据，通过描述性统计分析、信度检验、效度检验、相关性分析、主效应检验、中介效应检验、调节效应检验，验证假设、分析结果。

第6章：案例研究。以虚拟社区知识分享中相对成功的5个虚拟社区为例进行分析，探究企业实际运行下虚拟社区知识分享对消费者—品牌关系的影响路径。

第7章：研究结论及展望。总结研究成果，提出企业建立和维护消费者—品牌关系的建议，指出本书不足之处及未来的研究方向。

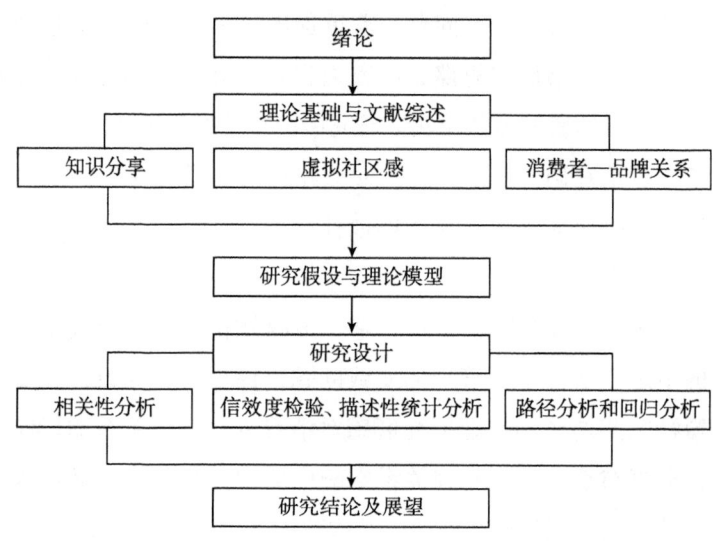

图1-1 本书的技术路线

1.5 创新之处

本书的创新之处主要表现在两个方面。

第一，从虚拟社区知识分享接收者角度探讨知识分享通过虚拟社区感对消费者—品牌关系的影响，具有创新性。关于虚拟社区知识分享的研究主体大都是知识分享发送者，大多数虚拟社区成员参与虚拟社区是为了获取信息，因此有必要从接收者角度探讨知识分享对其影响。

第二，对虚拟社区知识分享的后效进行研究，具有创新性。目前，关注知识分享后效的实证研究较少，研究成果相对不足。本书关注虚拟社区知识分享后效研究及其作用路径，对企业管理实践具有较强的指导意义。此外，本书的因变量是消费者—品牌关系强度，从关系视角讨论了知识分享的特征对品牌关系强度的影响。

2 理论基础与文献综述

2.1 相关理论基础

2.1.1 SOR 模型

(1) SOR 模型的起源

SOR（Stimulus - Organism - Response，刺激—机体—反应）模型，又称环境心理学模型，最早由 Mehraian 和 Russel（1974）提出，主要应用于解释环境中各种刺激因素对人类行为的影响。SOR 模型是由 S - R 模型发展而来的，从模型名称上可以看出，在原有 S - R 模型基础上增加了 Organism 变量，表示个体的认知和情感。虽然早期学者已经认识到环境因素会对个体产生影响，但是其中的作用机制一直没有得到重视。随着研究的不断深入，学者们从个体的认知层面和情感层面提出环境对行为产生影响的途径，并提出 SOR 模型。该模型从物理环境角度解释了影响个体认知状态、决策和行为的原因。其中，刺激是指可以使个体状态受到影响的条件，如颜色、音乐、文字或动态图片。机体是认识和情感的内部处理过程，是个体在受到环境刺激时产生的感知或感觉，导致其产生了趋近或者规避的意愿以及行为，表现为反应。在营销活动中，这种反应通常为购买意愿和参与意愿。

Belk（1975）首次将广泛应用于心理学领域研究的 SOR 模型运用到消费者行为研究中，自此，众多学者开始在研究中广泛引用该理论模型，并认为消费者行为是由外部刺激引起的，通过个体的认知和情感，进而影响消费者行为，如图 2 - 1 所示。认知（Cognitive）表示个体受到刺激引发的思考或者使个体联想起的意见、看法或信念。情感（Affective）表示个体受到刺激产生的特定情绪以及内心的情感感受。

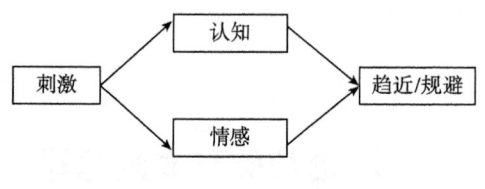

图 2-1 SOR 模型

（2）SOR 模型的应用

SOR 模型在消费者行为研究中的应用。在传统（线下）的消费场景中，设施、气氛、清洁、座位舒适、商品质量、服务质量等可以是刺激因素，对消费者愉悦感和感知质量以及消费地点的忠诚与满意产生影响（Kim and Yun, 2009; Lam et al., 2011; Walsh et al., 2011）。Namkung 等（2010）基于 SOR 模型构建了服务公平对消费者行为的影响，并讨论了消费者情绪在其中的中介作用。李琪等（2020）借鉴 SOR 模型提出了社区环境对社区团购行为具有影响的假设，研究认为，无论是传统社区还是线上社区，社区环境的熟悉性和活动性等特征都能启发消费者的信任、满意度及关系承诺，从而引发消费者的团购行为。

网上购物的热潮席卷了各个年龄层，虚拟购物环境的不同特征对消费者产生的影响引起了学者的关注。信息质量等因素被认为是网站环境中的"刺激"因素，通过影响消费者感知，对消费者的态度、信任产生正面或负面影响（Chang, 2008; Hsu, 2012）。网站的信息交互、个体偏好、网站品牌对消费者的沉浸、认知以及网站涉入产生影响（Huang, 2012）。喻昕等（2017）以直播平台为虚拟环境载体，将对弹幕信息的沉浸定义为 SOR 模型下的情感表现，验证了沉浸体会对用户参与行为的正向作用。徐孝娟等（2017）选择社交网站为研究对象，基于 SOR 模型讨论了社交网络的特征，研究用户的体验感知对网站用户流失的影响。周涛等（2018）实证分析了在线支持和网站服务质量对用户认同及沉浸的积极作用。

本书以虚拟社区知识分享的质量和行为作为虚拟社区成员的刺激因素，将分享的知识及虚拟社区产生的成员感和沉浸感定义为消费者的情感表现，以验证其对消费者与品牌建立承诺、满意等关系的影响。

2.1.2 信息接受模型

信息接受模型（Information Adoption Model）是 Sussman 和 Siegal（2003）在技术接受模型（Tchnology Acceptance Model，TAM）的原理基础上依据 Petty 和 Cacioppo（1986）的精细加工可能性理论（Elaboration Likelihood Model，ELM）所提出的。

技术接受模型与 SOR 模型有相似之处，都是表述外界条件的改变对个体意愿以及行为的作用，只是前者是预测新技术是否被用户接受，或解释新技术被接受的原因。随着研究的不断丰富，涉及的变量也更加多样化，在传统的模型上，各种修正的衍生模型不断被提出。精细加工可能性理论指出，信息对个体的说服过程分为两部分，中心路径和边缘路径。信息被接受的中心路径是指个人通过整合信息的判断认为意愿或行为值得改变；信息被接受的边缘路径意味着改变个人意愿或行为的不是信息本身，而是与信息相关的某些因素。这两种路径与信息接受模型的联系在于，中心路径对应的是个人感受到信息可参考的信息质量，边缘路径对应的是个人感受到信息可参考的信息源的可靠程度。因此，信息接受模型如图 2-2 所示。

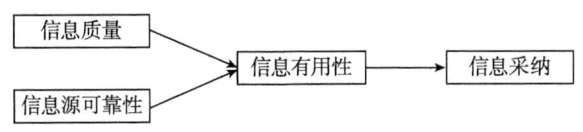

图 2-2 信息接受模型

不同的接收者对虚拟社区中用户知识分享质量的评价不一致是在所难免的，同样的信息在不同的社区环境中也会受到不同的评价，但是信息内容的整体效用是客观的，因此信息质量是可测量的（李晶等，2015）。信息源可靠性是指知识分享者被用户认为是可相信的、有能力的、值得信赖的程度（Petty and Cacioppo，1986）。用户的专业能力和社区地位作为一个简单有效的辨别信号，表明了用户知识分享者的专业性和可信性（Tonteri et al.，2011）。传统环境下知识分享主体可划分为专业能力、意见领袖和关系强度等（Bansal and Voyer，2000；Bristor，1990），基于此，学者们积极讨论了虚拟环境下知识分享主体的定义和维度划分。常亚平等（2011）在虚拟社区知识分享的知识发送者特征对接收者购买意愿的研究中，分别从发送者与接收者关系强度、发送者的专业能力和社区地位维度讨论了发送者特征的后效影响。杨爽（2013）指出，社区用户间的关系强度是影响其接收信息、持续参与的重要因素，但由于虚拟社区的匿名性，用户之间的关系联结较弱，所以知识分享发送者的主要特征是社区地位。

知识分享质量可以从成员分享的知识与品牌的相关、准确、完整和可靠角度测量。发送者专业能力作为影响信息被接收的重要因素之一，指的是接收者认为其能提供可靠完整信息的能力（Bristor，1990）。本书提出的专业能力借鉴上述定义，认为这种能力不是发送者客观的专业能力。发送者社区地位可以看作其在社区中的影响力或吸引追随者的能力，虽然虚拟社区管理者对成员社区地位的表述各异，但是社区地位可以通过其威信程度、分享数量及追随者数量的表现判断和划分。

2.1.3 沉浸理论

沉浸理论是心理学领域的一个重要理论，1975年由Csikszentmihalyi提出。该理论认为，当人们在参与活动时，全身投入，注意力高度集中，并且不相关的知觉都被忽略，此时便是进入了一种沉浸状态。当用户处于沉浸状态时，其在活动中会实现短暂性的意识与活动合一，往往会由于沉浸其中而减弱对遇到的困难程度的感知，从而使其更加肯定自我，并促使其更加努力学习新的技巧，增加探索性行为。

沉浸体验（Flow Experience）是沉浸理论中的核心概念。沉浸是指人们对某一活动或事物非常感兴趣并完全投入其中的一种情绪体验。由于沉浸体验是愉快的，出于愉悦动机，用户愿意付出时间成本或金钱代价去重复甚至加强某种行为，以期再次重温这种快乐的感觉。个体完全投入某一活动，并乐在其中，产生扭曲的时间感，形成一种非常享受的体验之后，个体不需要外部激励，自愿通过重复行为来维持这种体验，即沉浸体验。人们愿意继续从事某些活动的一个重要原因就是产生了沉浸体验，因为沉浸是一种暂时性的、主观的经验，会给人带来愉悦感和满足感的精神享受。

沉浸理论最初被应用在心理学领域，目前已被广泛应用于网络信息系统领域和电子商务环境中，如网上购物（Koufaris，2002）、在线社区（Wu and Chang，2005）等，来讨论沉浸体验对网络用户行为及情感态度的影响。

本书借鉴信息接受模型中影响信息有用性的前因变量分类方式，将理论模型的前因变量分为知识分享质量和知识分享主体特征，其中知识分享主体特征可分为专业能力和社区地位两个维度，以此来讨论知识分享通过虚拟社区感对消费者—品牌关系的影响。

2.1.4 依恋理论

英国心理学家John Bowlby于1969年提出了"依恋"（Attachment）这一概念。他从母子关系的角度出发，将其定义为婴儿与母亲之间紧密、强烈、持久的情感纽带关系。在研究中，学者们发现，依恋关系是一种动力过程，它持续存在于个体毕生的发展历程中，不仅存在于母婴之间，也存在于朋友、恋人之间。当前的依恋研究，超越了人与人的关系。随着近年来学者对依恋理论的逐渐关注，有学者研究发现，消费者会对品牌产生依恋情感，因此延伸出品牌依恋（Brand Attachment）。

Fournier（1998）等在个案分析的基础上，提出了依恋是品牌关系的核心，并将依恋的研究领域延伸至商业关系中。杨春（2009）指出，中国消费者的品牌依恋包括信任保障、品牌—自我关联、情感联结三个维度。Jahn（2012）等也构建了品牌依恋模型，该模型由信任、自我概念联结、承诺和同伴特征四个维度构成。

随着媒介技术的发展，越来越多的人使用甚至沉迷于媒介，这一现象吸引了部分学者的注意力。作为一个关系构念，依恋在不同的关系情境中会随着依恋对象的改变而出现不同的理论内涵，Vanmeter等于2015年、2018年连续在高水平学术期刊 *Journal of Interactive Marketing* 上发表论文，指出尚未有学者对社交媒体的情感依恋进行测量，据此他们提出了对社交媒体的依恋 Attachment to Social Media（ASM）这一说法，介绍了其理论渊源、具体维度、测量量表，并在非学生群体中对该量表进行了验证。文章指出，ASM应被定义为个人与媒介之间的联系强度，具体有八个测量维度，包括连接、怀旧、通知、享受、建议、肯定、提高生活水平、影响力。国内最早引入这一概念的是朱佳妮、张国良、姚君喜等，他们在《新闻大学》上发表《感知价值对移动短视频依恋的影响研究——基于网络归属感和网络隐私关注的中介效应视角》，并在文中将Attachment to Social Media（ASM）译为"媒介依恋"。

2.1.5 社会认知理论

社会认知理论（Social Cognition Theory，SCT）最核心的观点是三元交互决定论，即个体认知、个体行为及环境间，存在两两动态、互惠的交互作用。社会认知理论有较强的解释力，被广泛地应用于理解和预测实体组织中个体或群体行为的特征，并有助于识别出哪些方式、方法能够改变行为。如今，这一理论也被广泛应用于虚拟情境中。社会认知理论认为，环境并不是固定不变的，人们的行为会受所处社会环境的影响，同时人们的行为也会改变环境。此外，个体会将他人行为作为影响其自身行为的一种参照标准或外部因素。国外学者将社会认知理论应用到虚拟社区知识共享的研究中，将多维信任作为环境因素，知识共享的自我效能感和结果期望作为认知因素，探究自我效能、结果期望与知识共享行为之间的关系。国内学者基于社会认知理论将虚拟社区中其他成员参与行为作为环境因素，将期望收益和自我效能感作为认知因素，研究期望收益、自我效能与知识贡献行为之间的关系。

2.2 相关文献回顾

2.2.1 虚拟社区知识分享

中国社交电子商务是Web 2.0时代下的一种新型电子商务模式，是社交媒体和电子商务的结合体，其通过用户的共享和互助来推动网络商品的销售和服务。近些年，以微博、微信、大众点评和蘑菇街等为代表的社会化媒体如雨后春笋般纷纷涌现。社交媒体的影响力越来越被看好，很多商家、网站想借助社交媒体进行产品营销。在这个信息爆炸的网络时代，提高网络检索效率一直是用户的需求，在这种情况下，用户往往比较容易相信来自朋友的推荐或者分享。基于用户相似的兴趣爱好，社交电子商务贯穿消费者购买商品时的商家选择、信息交流、商品比较和购后评价整个购物流程，这一切都决定了社交电子商务将是网络营销的下一个"引爆点"。

社交媒体的影响力逐渐成为衡量企业成功和可持续发展的重要指标。面对规模庞大和日渐活跃的微信用户群体，提高企业和产品的微信影响力与电子口碑，并吸引用户的关注，成为企业能否在激烈的行业竞争中占据市场份额和得到越来越多利润的关键。目前，很多企业尝试使用微信公众号传播商品信息，进而增强客户对企业的品牌意识和忠诚度。

（1）虚拟社区的定义

网络技术的迅速发展使人与人之间的交流突破时间和空间的障碍，巨大的数据存储空间为用户提供了足够的信息流。虚拟社区是依靠网络技术构建的线上平台，不仅从知识层面满足了人们对信息获取的便捷性和真实性需求，还从社交层面满足了人们对交流和沟通的需要。Rheingold（1993）提出，虚拟社区是指有相对较多的成员积极参与社区举行的活动，并且这种参与行为能够持续较长时间，从而形成了相对稳定的人际交往关系。这是最初对虚拟社区的定义，本书对比较重要且具有代表性的概念进行了梳理，如表2-1所示。

表2-1 虚拟社区的定义

学者	年份	定义
Armstrong 和 Hagel	1996	虚拟社区由社区中的成员特定需要进行维护，从而使社区不断发展壮大
Romm，Pliskin 和 Clarke	1997	虚拟社区是社区成员基于共同的兴趣爱好，跨越地理、种族等因素的限制相互交流而形成
Komito	1998	虚拟社区是成员通过分享行为实现沟通和交流，由于对相关主题的共同兴趣和爱好而更加亲近
Chang	1999	虚拟社区是聚集了具有相同的兴趣和爱好的人，参与群体讨论或交换信息，出现类似传统社区人际交往的感情
Rothaermel 和 Sugi-yima	2001	虚拟社区是成员为了一个目的聚在一起形成的场所
Bagozzi 和 Dholakia	2002	虚拟社区是线上一个社交空间，其存在和发展依赖于成员之间的沟通
Bagozzi 和 Pearo	2004	虚拟社区参与成员间互有差异，成员通过互动达到个人目标并实现群体的目标

续表

学者	年份	定义
毛泊和尤雯雯	2006	虚拟社区是指具有相同爱好、目的、工作的个人，通过网络进行沟通，以群体或组织的模式组成的线上社区
王方华	2007	广义的虚拟社区是线上有组织的群体活动以及群体关系；狭义的虚拟社区是达到个人目标和群体的目标，成员在网络上交流沟通建立的虚拟关系

基于概念梳理发现，构成虚拟社区的三要素分别是基于共同的兴趣爱好或者某种特定的目的、互联网作为沟通和交流的媒介、成员之间通过交互作用形成虚拟社会关系并产生人际关系感情。随着知识经济时代的到来，知识分享成为用户生成内容中最具价值的组成部分（Cheng and Guo, 2015）。Koh 等（2003）认为，在虚拟社区环境下更适合知识共享，知识流动更为迅捷。虚拟社区形成的原因主要有如下三点：①虚拟社区的边界模糊；②虚拟社区为成员创造了无时间、地域障碍的交流空间，更新了已有的沟通方式，加速了信息传播，扩大了信息传播范围；③虚拟社区的匿名性为组织成员提供了发表真实想法的条件，没有传统组织架构的约束，有利于客观事实的表达和信息共享。本书对虚拟社区的定义为：基于互联网使有共同兴趣和爱好的群体聚集，通过互动分享形成的虚拟人际关系。

（2）虚拟社区的经营与价值

虚拟社区经营的目的是增加并维护用户数量，只有有一定数量用户的持续参与才有可能实现虚拟社区的价值，因此，虚拟社区在经营前期的首要任务是吸引用户的参与。虚拟社区成员数量的增长有一定的规律性，成员数量会在门槛点实现倍数增长（Hagel and Armstrong, 1997），虚拟社区的经济价值也随之得以体现，即创造合作经济。用户参与虚拟社区的前提是在社区中拥有相同或相似的兴趣爱好，随着成员间的交流互动会在社区中产生社区意识，体现出对社区及社区成员间的认同，从而导致成员间一致的行为。这种一致性是合作经济的必要条件，如团购。虚拟社区还可以提供个性化服务，虚拟社区后台对成员参与话题或购买记录的信息进行分析后，识别用户需求，为用户提供自主推荐服务。虚拟社区也作为商家和用户的桥梁，将用户信息反馈给商家，为商家给用户一对一定制服务提供后台支持，从而增加商家效益和用户黏性。另外，虚拟社区成员数量达到临界值时会带来巨大的商业价值，用户自主生成的内容及成员间的传播力度高于商家内容的传播力度，因此成员间的"广告"行为是商业性网站重视的商业价值。

企业逐渐意识到虚拟社区的经济及商业价值，开始建立虚拟社区开展网络营销发展用户、争取市场份额。如果企业能够适应网络文化，为用户营造出良好的沟通环境，那么将对加强用户与品牌间的互动、开展和维护与品牌间的关系、提升品牌价值与影响力有益。消费者参与虚拟社区的原因在于：参与虚拟社区的用户原本就有类似的商品偏好，虚拟社区互动的便利性和信息的真实多样性为购买决策提供支持；易获取全面有价值的产品信息；议价能力增强。消费者在参与虚拟社区活动的过程中被潜移默化地影响，能够形成统一的购买力。

（3）知识分享的定义

知识分享是个体间获取和提供知识的过程，包括主意、建议、信息、经验等（Bartol and Srivastava，2002；Hooff，2004；Lin，2007）。虚拟社区知识分享是知识分享这一行为发生在虚拟社区这一"特定"场合中（徐小龙等，2007）。虚拟社区知识分享一般是成员之间发帖、回帖、搜索及浏览活动的集合，包括成员与成员间的互动和成员与平台间的互动两种形式。张蒙（2016）指出，虚拟社区管理者将成员分享的知识和提出的意见整理到数据库，为其他社区成员搜索相关信息提供资源和便利，这样的过程称为虚拟社区平台与虚拟社区成员之间的互动。虚拟社区成员之间的知识分享是知识分享的主要形式，更具价值和意义（Tamjidyamcholo et al.，2014）。

Ardichvili 等（2003）指出，虚拟社区成员间知识分享的过程包括对知识的供给和对知识的获取，所以在知识的传播过程中，虚拟社区成员可以分为分享者和接收者。参与分享和获取信息是参与社区活动的一种形式，若分享和获取的信息是关于品牌产品的讨论，则被视为一种在线的产品涉入行为，可以提升消费者对品牌的忠诚度（Iwasaki and Havitz，2008）。无论是分享者还是接收者，他们的分享交流或搜集获取都是自愿参与的，同时，无论是为成员提供知识还是从社区获取知识，都为其自身和虚拟社区创造了价值，区别只是知识的输出和吸收。本书的知识分享指的是发送者分享的知识质量及发送者本身的特征，从信息接收者的角度讨论虚拟社区的知识分享对消费者行为的影响。

（4）虚拟社区知识分享相关研究

品牌知识分享是消费者将对企业品牌评价、使用体验等与品牌密切相关的知识与其他消费者交流或与企业分享，是大众消费者借助网络和平台交流品牌信息的过程。对于品牌而言，该过程实现了品牌的口碑传播。对于消费者来说，则帮助他们节省了搜索成本、获得了更多的信息资源、建立了对品牌的全面认知，从而维护消费者自身的消费利益。虚拟社区知识分享近年来已成为学者重点关注的对象，学者们通过对国内外相关研究成果的整理，整合出了虚拟社区知识分享的研究框架，主要包括虚拟社区知识分享的前因及结果研究。虚拟社区知识分享的前因研究认为从技术接受视角、心理学视角、社会学视角及系统论视角可以直接或间接影响虚拟社区知识分享的发生，知识分享的后果研究分为社区维度和个体维度。社区维度关注的是虚拟社区的管理提升，个体维度关注的是虚拟社区参与成员的个体提升，如图2-3所示。

虚拟社区知识分享前因分析的研究中人格特质等因素对知识分享的影响并没有引起研究者的足够重视，另外缺少对知识分享应用的研究，如加速虚拟社区的发展，提升成员参与社区活动的价值，对影响路径的探索，对中介和调节变量的探索也是缺乏的。

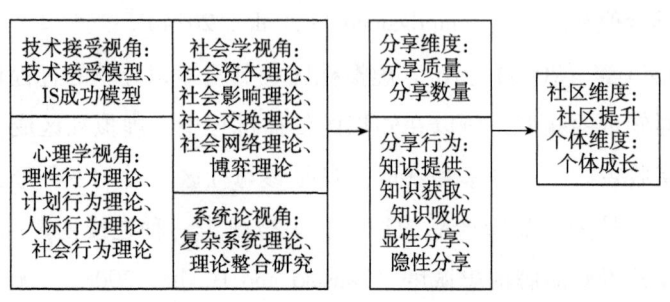

图2-3　虚拟社区知识分享前因及后果模型

2 理论基础与文献综述

虚拟品牌社区知识分享影响路径如图2-4所示。虚拟品牌社区影响用户分享知识的因素主要包括社区环境、个体特征及期望/动机三大类，在线品牌社区知识分享的影响效应主要体现在对品牌态度和品牌口碑上。实际上，对知识分享结果的影响效应一般都是通过品牌社区融入及内部关系机制来发生作用的。

现有的研究通常将知识分享者作为研究的主体，研究知识分享对虚拟社区和成员的影响。管玉娟、黄光球（2014）研究发现，消费者积极参与社区活动是由于可以获得利益，成员间的信任感越强越会扩大消费者对利益的感知，也更乐意分享信息和体验。另外，消费者自身的社交需求也推动消费者参与虚拟社区的讨论，贡献自己的知识。Koh和Kim（2004）构建了知识分享对社区网站忠诚的研究模型，发现虚拟社区知识分享可以带来社区成员对社区网站的忠诚。胡海等（2016）实证分析证明了虚拟品牌知识分享对消费者购买意愿的正向影响。程志超等（2017）认为，对虚拟社区用户黏性的影响因素中社会互动联结、信任和共同愿景起着关键作用，并且证实了在知识分享对用户黏性影响中，社会互动联结、信任的中介作用。较少有文献从知识分享获取者角度讨论其在虚拟社区中的参与行为（浏览、搜索）对虚拟社区及成员的影响，但实际情况是，大多数成员是为了获取可信度高的信息帮助自己做出判断。所以，从虚拟社区知识分享获取者角度进行研究对虚拟社区和品牌的影响是有意义的。

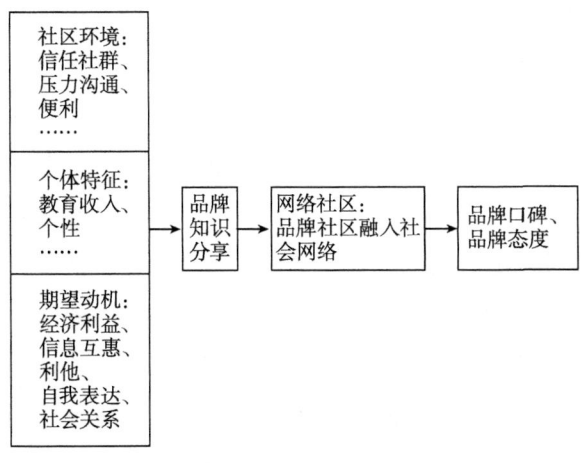

图2-4 虚拟品牌社区知识分享影响路径

(5) 虚拟社区知识分享相关概念研究

①口碑。

口碑（Word‐of‐Mouth，WOM）是一种最原始的信息传播方式，大多数消费者在信息技术还不够发达的时代都是通过人与人之间口口相传来收集所需要的信息（张燕，2013）。从20世纪50年代起，学术界逐渐关注口碑的研究。Arndt（1967）将口碑定义为，人们不以商业营销为目的，通过口头交流的关于品牌、产品、服务、厂商的信息或看法。他揭示了口碑的两个重要特征：其一，口碑是非商业性质的，即口碑不以商业营销为目的；其二，口碑具有非正式的特性，是一种口头交流的行为。

随着互联网时代的到来，人们通过网络进行购物已成现实，越来越多的消费者通过互联网进行消费。同时，Web 2.0 为消费者创造了在各种社交媒体、电商平台发表自己对产品或服务的看法和评论的条件，消费者将自己对产品或服务的看法和评论发表在互联网平台上变得非常普遍，口碑从而突破了口头传播的形式，成为影响力更大的网络口碑（Online Word‐of‐Mouth）（卢向华、冯越，2009）。黄敏学（2019）认为，消费者对产品或服务的看法和评价就是口碑，而随着网络的发展和应用，口碑开始从人与人之间的语言交流演变为网络平台上的用户生成内容。聂卉（2019）认为，随着网络的发展，更多消费者将自己对产品的评价公布在网络平台上，产品的口碑传播模式发生了巨大的变化，变成了更具影响力的网络口碑。消费者通过互联网平台（如电子商务网站、社交网络平台、个人博客等）发表自己对于产品或服务的评价变得十分普遍，口碑突破了距离和时间的障碍，从线下传播发展到线上传播，演变为网络口碑，其影响力更大（龚诗阳等，2013）。互联网的发展使消费者发表的关于某一产品或服务的看法与评论会被存储和显示在网络上，其他消费者可以随时随地看到这些看法和评论，使消费者可以在互联网平台上进行相关产品或服务口碑信息的交流和交换，由此网络口碑的传播效应引起了国内、国外学者的广泛关注（张燕，2013）。

目前，已有不少学者通过研究证实了消费者购买决策会受到网络口碑的影响。张红宇等（2014）通过提取大众点评的数据来构建口碑数量、负面口碑和口碑评分与消费者的在线行为之间的线性模型，其模型回归结果表明，消费者在线行为会受到口碑数量、负面口碑和口碑评分的影响。张明玺等（2016）通过对天猫商城笔记本销售页面信息的实证分析发现，大型电商平台产品销售页面呈现的信息会对消费者的购买决策产生很大影响。大部分消费者在网上进行购物前都有浏览该产品或服务评论的习惯，甚至有些消费者为了降低购买风险，在实体店进行消费时也会上网查看其他消费者的评论。

按照口碑的偏向性或者情感极性，也可以将网络口碑分为正面口碑与负面口碑。一般来说，负面口碑是指消费者在购买产品或者服务后，将自身的不愉快经历向其他个体消费者或者群体进行传播的信息。正面口碑与负面口碑最大的区别在于传播动机不同：正面口碑侧重利他、产品涉入以及帮助品牌和企业；而负面口碑则为利他、报复/惩罚商家、缓解焦虑，以及寻求帮助和建议。在已有的研究中，学者们发现，正、负面口碑所产生的影响力并不对称，负面口碑对消费者来说具有更加重要的价值和诊断性，更加受顾客的关注，会对顾客的消费决策产生比正面口碑更加显著的影响。并且，由于负面口碑往往通过非正式渠道如社交网络平台等进行传播，所以负面口碑的发布者往往被认为与品牌和商家间没有利益关系，因而发布的口碑内容具有更高的真实性与可靠性。

各种社会化媒体的流行与快速发展，使原本的线下关系逐渐发展成为线上用户间的虚拟社会关系，并且通过社会化媒体作为媒介，形成在线社交网络（在线社会网络）。日常生活中常见的微博、博客、各种网络论坛与虚拟社区以及电商网站的评论互动板块都属于社交媒体，社交媒体是互联网技术的产物，指的是一系列允许用户创建和交换用户生成内容（UGC）的基于互联网的应用平台。通过社会化媒体，用户可以自主生成一定用户内容和进行互动，并且产生的内容具有社会性。和传统社交网络相比，在线社交网络作为网络口碑传播媒介的网络结构，具有中心度低、结构松散、节点较分散的特点。Sohn 等（2009）以及 Chu 等（2011）通过实验发现，消费者更倾向于向强关系好友传播信息，在向弱关系陌生人传播信息时更倾向于传播负面信息。

②评论。

在线评论（Online Reviews）又称在线消费者评论（Online Consumer Reviews），最早由 Chatterjee（2001）提出，被认为是影响网络口碑和商家声誉的一种重要形式（李亚琴，2017），能够对消费者购买意愿、商家的产品销量产生重要影响（Park et al.，2009）。Liu（2006）通过分析 Yahoo！Movies 电影影评数据，得出在线评论数量正向影响电影票房的结论。在线评论中的情感丰富程度也会对票房产生影响，此外，高质量的在线评论会显著影响电影票房（Yu et al.，2006）。Luan 和 Neslin（2009）对新款游戏进入市场进行研究时也发现，在线评论的数量能够影响消费者接受新款游戏产品的难易程度，但评论效价是否对销量存在影响，学者们仍保留不同的观点和看法。Hodac（2013）对亚马逊商品的研究发现，在线评论效价能够显著影响商品销量。而 Liu（2006）的研究结果表明，在线评论效价对电影票房无明显作用。杨学成等（2016）基于态度改变的 APE 模型对微博负面口碑进行研究，研究结果表明，微博负面口碑对用户内隐品牌态度有显著负向影响，并且感性负面口碑效用大于理性口碑效用。王立磊等（2013）引入网站品牌关系质量作为研究模型中介变量进行实证研究，发现在线评论有用性和在线评论可靠性能够对品牌忠诚产生显著正向影响。莫赞等（2015）基于 SOR 模型从消费者学习角度研究体验性商品在线评论对消费者行为的影响，研究结果表明，正面评价数量、评价打分、在线评论数量（含图）、追加评论数量及累计评价数量等多种因素都会影响消费者购买行为。由于消费者精力有限，虚假评论会耗费消费者精力，增加其搜集和筛选信息的时间成本，并降低消费者对于在线评论整体的感知信任，从而影响信息采纳结果（郑春东等，2014）。

在线追加评论功能出现较晚，在过去的研究中，对在线追加评论的研究相对较少。何晶璟（2014）将在线追加评论定义为：其为消费者完成交易并发表初次评论后，在一段时间内对初次评论所发布的补充信息，并且商家能够回复消费者的追加评论以进行解释。沈甜甜（2015）则认为，追加评论是为了让消费者能够有另外一次机会去表达其更为深入、更为真实、更为具体的观点和感受。由于消费者对产品或服务的使用和了解经过了一段时间，其追加评论的内容往往比初次评论更加深入,因此在消费者购物过程中,追加评论占有更高的判断权重。王长征等(2015)基于归因理论对不同类型的评论进行差异性分析,研究结果表明,含有追加评论的在线评论比没有追加评论的一次性评论感知有用性高,这一观点与石文华等(2016)的研究结论保持一致。沈甜甜(2015)也在研究中指出,追加评论会对消费者的态度确定性产生显著正向影响,可以帮助消费者快速、准确地做出消费决策。而且,如果追加评论与初次评论之间存在矛盾,就会对潜在消费者具有更高的感知有用性(王长征,2015),但对于不同类型矛盾结构的在线评论没有进行深入研究。Jimenez 等(2013)也认为,追加评论更为准确真实,能相对全面地反映消费者的消费感受,相对于初次评论,消费者对于追加评论感知有用性更高。而且,消费者为避免购买后的潜在风险,负面追加评论会因其体现产品质量问题而更受到消费者重视。

学者在研究评论者信息影响评论有用性的影响因素时发现,评论质量对网站评价具有影响作用,并且当评论者的照片出现时,评论质量对网站评价影响显著,表明消费者不仅关注与产品相关的信息,同时也关注其他消费者呈现出的状态,评论者的照片可能会导致消费者采取不同的信息处理策略。例如,旅游经验丰富、发布评论数量较多且历史评级均不高的评论者发布的评论更有用。闵庆飞等(2017)认为,评论者的社交网络影响评论有用性的感知,评论者的内向社交质量可以作为评论者社交网络的一个指标而影响评论有用性。当评论者专业水平较高时,评论的有用性感知更强。Cheng 等(2015)认为,消费者对于评论者专业与否难以直接进行判断,因此没有证据充分解释评论者专业度对评论有用性具有显著的影响作用。Schindler(2001)从评论者个人信息提供角度,认为在涉及评论者个人信息时,更有可能使消费者与评论者建立信任,因此提高评论者的置信程度。自我披露的评论者提供的信息对消费者评估评论可信度时产生帮助,消费者对评论者的信任会转化为对评论的信任。另外,评论者声誉提高评论的有用性感知,消费者可以区分声誉度高的评论者与普通评论者。消费者认为,当评论者个人声誉较高时,所提供的评论信息具有更好的可信度,并且发布的信息更加有用。

2.2.2 虚拟社区感

(1) 虚拟社区感定义

虚拟社区感根源于社区感，Sarason（1974）意识到，社区能够成功运转的重要条件是成员对所在社区有情感，成员之间的关系亲密和谐，将这种情感定义为社区感。McMilllan 和 Chavis（1986）认为，社区感是成员对社区的归属感，成员对社区和成员倾注了感情，甚至形成一种共同的信仰。这种释义被广泛接受。社区感的分析框架由四个元素组成：成员感（Membership），归属和认同；影响力（Infuence），成员对社区产生影响；需求满足（Needs Fulfillment），社区资源满足成员需求的程度；情感连接（Emotional Connection），即社区成员会分享他们的经历以及经验。社区感的提出是描述"团体"的凝聚力、身份代表或者沟通行为的基础概念，"团体"同时包含了社会组织中社区和居民邻里的集体，其中，成员的沟通交流都是面对面发生的（Wang，2010）。

关于虚拟社区中是否也存在传统社区的"社区感"的问题也引起了广泛讨论（朱振等，2014）。在线上聊天室中，Roberts 等（2002）检验出成员在虚拟社区中能体验到一种类似于 McMilllan 和 Chavis（1986）所定义的社区感。Koh 和 Kim（2003）提出，虚拟社区感是成员感、影响力和沉浸的个人感受的集合。这种说法也得到了 Blanchard（2007）研究的进一步验证，并提出认同归属感来源于成员间的互动交流。Tsai 等（2011）将计算机视为成员交流沟通的中介，通过网络产生的相互间的归属和依恋感觉就是虚拟社区感。Blanchard 和 Markus（2004）在一个新闻社区中验证了虚拟社区感。虚拟社区和成员间的影响是双方面的（Tonteri et al.，2011），成员对虚拟社区参与的体验感是虚拟社区感的体现。Tonteri 还提出成员身份的双重性：个体和社区成员。传统社区是包括人、事、物、组织结构的整体，虚拟社区虽然由个体组成，但在网络中并不是客观的实体，无组织边界，仅存在于成员的意识中，是数据的集合（Chen et al.，2012）。所以，传统社区中社区感的测量方式是否适用于虚拟社区感的测量也有待考量（Abfalter et al.，2012）。

(2) 虚拟社区感维度的研究

虚拟社区感的提出、定义和维度的确定基础是社区感。在关于社区感维度的研究中，McMillan 和 Chavis（1986）开发的量表被广泛接受应用，学者认为，社区感从成员身份感、影响力、需求满足、情感联系四个方面定义测量是全面和可接受的。

Blanchard 和 Markus（2002）基于社区感的概念，比较了体育新闻社区中虚拟社区感与社区感维度上的区别，运用质性研究方法证明了两者确有差别。Obst 等（2002）以在线科幻社区为研究对象比较了其与居民社区中社区感的差异，发现相对于居民社区中社区感的成员感和影响力两个维度的强度而言，在线科幻社区的虚拟社区感强度较弱。Koh 和 Kim（2003）对虚拟社区感的维度提出了新的观点。首先，他们借鉴了 McMillan 和 Chavis（1986）所提出的社区感概念中的成员感和影响力两个维度；其次，根据虚拟环境与传统社区的不同对测量项进行了修改。其没有考虑"需求满足"和"情感联系"变量的理由是，前者更偏向于影响用户产生虚拟社区感的原因，后者与"成员感"的含义过于类似。Koh 和 Kim 认为，增加沉浸感维度描述虚拟社区感概念更确切，其研究结论也被其他学者认可并借鉴。

(3) 虚拟社区感的前置影响研究

虚拟社区感也能针对成员的参与行为、品牌忠诚等变量产生前置影响。从现有研究结果看，学者们普遍认同虚拟社区感对成员的参与行为具有一定的促进作用，使成员积极地、自发地参与管理者组织的社区活动，进而加深成员间关系的紧密度，使其更愿意在社区内分享知识、信息，积极提供反馈，最终激活整个社区（Mijail Naranjo et al.，2019；黄敏学等，2018）。Kim 等（2004）通过对旅游类虚拟社区的研究，认为在虚拟社区中，高水平的虚拟社区感将有助于该社区成员形成用户忠诚。Chai 和 Kim（2012）分析了虚拟社区感对用户参与行为的影响，认为虚拟社区感对用户知识贡献行为具有显著的促进作用，可以激励成员自发完成知识分享、信息交流等行为。巫秀芳等（2018）以小米社区的用户为研究对象，证实了成员感和沉浸感可以提升消费者的融入程度，同时虚拟社区感还能够显著提高消费者的承诺水平，增强成员忠诚度，强化他们与社区的联结。彭晓东、申光龙（2016）通过对477名成员进行调研，发现虚拟社区感水平越高，成员参与自发的价值共创的频率也越高，同时成员感水平的高低反映了成员对社区的认同程度，成员感还能够显著促进其参与社区管理方发起的价值共创，证实了虚拟社区感对消费者参与创新的积极作用。

虚拟社区感目前仍然缺乏统一的定义，从成员感、影响力和沉浸感方面解释和研究虚拟社区感是被普遍接受的（Chen，2012）。本书选取成员感、沉浸感两个维度，原因是本书以知识分享接收者为研究主体，不考虑其对社区内其他成员的影响。另外，本书定义知识分享主体的维度是专业能力和社区地位，描述的是其作为发送者的影响力，与虚拟社区感中影响力定义相关度过高。

2.2.3 消费者—品牌关系

（1）消费者—品牌关系形成机制

关系营销从诞生之初就重视和客户的关系，但关系营销中客户的含义更为广泛，可以包括供应商、下游分销商和终端客户。当今市场营销理论和管理实践中的诸多概念和方法都和关系营销不无关系，其中包括顾客关系管理、顾客体验以及品牌关系等。关系营销的一个重要特征就是关系双方的存在，如顾客体验和品牌关系。顾客体验是消费者对外界环境的体验，外界环境不仅包括客观的物理环境和文化环境，也包括对企业相关人员的体验，顾客体验联结消费者和企业两个方面，是缺一不可的。类似的特征同样存在于品牌关系中，品牌关系是消费者和品牌之间的关系，一方面品牌关系是以企业营销努力为基础；另一方面是必须关联消费者才能形成品牌关系，否则营销努力将不能显现其成果。

从消费者认知理论来看，顾客体验为消费者提供了认知的对象，顾客体验的过程也是消费者认知的过程，认知的结果是品牌知识，是形成消费者品牌关系的基础。顾客体验是对品牌产品和服务相关的物理要素和精神要素的体验，体验的内容具有一定的客观性。根据现代认知心理学理论，顾客体验过程中的信息处理包括控制性信息加工和自动化信息加工（彭聃龄、张必隐，

2004)。控制性信息加工需要消费者有意识地努力对体验的内容和信息进行处理，必须在消费者注意力高度集中时才能维持，消费者也可以根据自己的期待从长期记忆中搜索信息，在一定目的和意图的控制下完成意识过程。控制性信息加工在顾客的体验过程中是经常发生的，是一种主动体验，例如，消费者在服装产品购买过程中会主动地触摸服装感受材质、了解服装的品牌信息、观察店面人员的衣着打扮和服务态度等。自动化信息加工是消费者在无意识的情况下完成的，不受消费者特定目的和意图的影响。在广告研究中，就有学者研究广告对没有引起注意的无意识状态下的消费者的影响。在实际中，消费者也会无意识地组织品牌产品和服务的信息并对其后续行为产生影响作用。

顾客体验的认知结果会产生消费者知识，即品牌知识。认知心理学的研究者认为，广义的认知结构即为知识，但在狭义上，两者所强调的内容具有很大差异。认知强调了消费者在认识事物的过程中的认知模式，体现了消费者个人的主观性和其自身条件；而知识则成为一种客观存在存储于消费者记忆中。

（2）消费者—品牌关系概念

学术界对于消费者—品牌关系内容的研究还相对缺乏，理论探讨和实证研究都缺少统一框架来理解与运用这一概念。国内外学者探索了消费者—品牌关系的构念内涵，其中，代表性模型包括消费者—品牌关系质量模型、消费者—品牌关系强度模型及消费者—品牌关系的依恋—厌恶模型。

品牌关系质量（Brand Relationship Quality，BRQ）模型从爱与激情、自我联结、相互依赖、个人承诺、亲密感、品牌的伙伴品质方面诠释了消费者与品牌间的联系（Fournier，1998），成为之后大部分研究的基础。Aaker（2004）进一步分析认为，爱与激情和相互依赖变量间相关性过高，品牌的伙伴品质表现为人际交往中互惠互利，用以形容消费者与品牌间的关系存在局限性，这一点也受到国内学者谢毅等（2009）的认同。基于此，Aaker提出了满意、承诺、亲密感和自我联结等维度构成的消费者—品牌关系强度概念。

Park等（2013）提出了消费者—品牌关系的另外一个代表性模型，即消费者—品牌关系的依恋—厌恶模型，其中，品牌显著性概念描述消费者—品牌关系的强度，表示消费者对品牌知识的了解程度和对品牌的熟悉程度，也就是说，其代表了消费者联想起品牌的频率，消费者容易或经常想起该品牌即消费者与品牌间的联系较强。另外一个概念是品牌—消费者距离，基于消费者对品牌远近关系的判断，正向关系表示紧密联结，反向则相反（刘蕾，2018）。Fournier等（2013）指出，消费者—品牌关系的依恋—厌恶模型能够对消费者和品牌间的关系类型做出相对统一的评价，并且对消费者的心理反应及变化的预测较准确，适合表示动态发展的关系。

本书主要研究知识分享通过虚拟社区感对消费者—品牌关系的有效性影响，因此参考Aaker等（2004）提出的消费者—品牌关系强度模型，对消费者—品牌关系通过满意、承诺、亲密感和自我联结四个维度进行解释。

（3）消费者—品牌关系相关研究

品牌至爱（Brand Love）被定义为消费者对某一品牌的态度，包括他们对特定品牌的思考、感觉和行为能力。Carroll和Ahuvia（2006）把品牌至爱称为"一个满意的消费者对一个特定品牌的情感依恋程度"。Albert和Memnka（2015）将品牌至爱称为"品牌热情"，定义为"从心理层面对品牌的痴迷、迷恋"，同时发现消费者的品牌热情会产生与品牌保持长期关系的愿望。杨德峰等（2014）指出，品牌至爱反映消费者对品牌的激情、依恋、积极评价、响应品牌的积极情绪以及对品牌的承诺。满意度被认为是品牌至爱的影响因素，品牌至爱还积极影响其他品牌相关概念，如品牌忠诚度和口碑。品牌至爱对满意的消费者的忠诚度有正向影响，那些满意且喜爱品牌的消费者会更多地进行重复购买，消费者对自己喜爱的品牌有着强烈的热情以及和品牌保持紧密关系的强烈意愿，在与喜爱的品牌分开时会感到痛苦（Batra，2012）。而且品牌至爱和积极口碑之间也有联系，对某一品牌满意和喜爱的消费者更愿意传播积极的口碑（Karjaluoto，2016）。

品牌依恋（Brand Attachment）源于依恋理论。Trinke和Kim（1995）认为，品牌依恋是用户的一种心理反应，如果用户认可和偏爱该品牌，并且具有长期购买行为，则说明用户与该品牌之间存在依恋关系。Thomson等

(2005）认为，品牌依恋是"用户与品牌之间一种富有情感的独特的纽带关系"。Park（2006）等在研究中指出，"品牌依恋是联结用户自我与品牌的一种认知和情感纽带，可以更好地解释以关系为中心的营销交换活动所衍生的较高层级的特定消费行为"。国内学者姜岩等（2008）在研究中指出，品牌依恋是用来联结用户和特定消费对象（产品、品牌、企业等）的认知、情感与意动的心理纽带。洪浏妗（2010）认为，品牌依恋是用户和品牌之间存在的独特的情感纽带。

在行为视角下，消费者对品牌的忠诚度主要体现在消费者重复购买某一品牌商品的行为。Tucker 指出，如果一个消费者在单位时间内持续三次及以上购买某一品牌，那么他对品牌的忠诚度由此体现。James 也认为，顾客在单位时间购买某一品牌的次数可以作为衡量消费者品牌忠诚度的水平。在此之后，学者认为，品牌忠诚度在很大程度上是一种行为模式，即顾客在挑选自己需要的商品的同时，只会选择自己熟悉与偏爱的品牌，而不会去考虑其他选择，更不会将与自我联系紧密的品牌同其他品牌进行优劣比较。黄敏学等（2015）研究了品牌社区的不同成分对品牌忠诚度的影响，其认为在众多因素当中，信息体验和娱乐体验是导致品牌忠诚度发生变化的直接因素，并通过社区认同间接影响品牌忠诚度，但互动体验对品牌忠诚度没有显著影响。关系对于品牌忠诚度的影响主要体现在顾客的承诺、顾客对品牌的信赖以及社交网络使用等三方面。客户由于兴趣或者关系的因素而发生加入在线品牌社区的行为，进而产生对群体和品牌的认同感。Carlson（2008）指出，客户认同的程度越高，社区意识越强，越能提升其品牌承诺和维护首选品牌的意愿，使其继续进行购买并将产品推荐给其他人。王军、江若尘（2010）认为，社区认同和评价可以通过信任或承诺来提升品牌忠诚度，但社区认同的情感成分只能首先对社区承诺起作用，从而提升品牌忠诚度。周志敏、郑雅琴（2013）从强弱关系的角度展开了研究，他们指出，在线品牌社区成员形成的网络关系有强有弱，强大的网络关系能够对信息价值和社会产生积极的作用，最终在品牌承诺的驱使下达到品牌忠诚度的提升。

自我—品牌联系（Self - brand Connections）中，自我的概念占据着主导地位和影响。Escalas 等（2003）是定义自我—品牌联系的先驱学者，他们首先认为，自我—品牌联系指的是消费者利用品牌来创造、维护、增强并且显示自我的联系程度。国内外的研究者一般将"自我"这个概念划分为个体性自我和社会性自我。其中，个体性自我指的是有别于他人的特征，而社会性自我则表示被他人或群体认同的特征。基于自我的这两种不同概念分类，研究者对自我品牌产生联系的原因的看法都有所不同。早期研究表明，消费者通过品牌所传递的意义和目的可以分为外部目的和内部目的，外部的目的是构建自我的社会身份，内部的目的是构建对自我概念的认知程度（Elliott and Kritsadarat, 1998）。王财玉（2012）则提出不同的观点，即在消费者通过品牌构建个体性自我和社会性自我的过程中，消费者与品牌之间的品牌联系就产生了。

消费者对品牌的认同感在自我—品牌联系构建产生的过程中起到至关重要的作用（Oyserman, 2009）。为了让消费者能够更好地认知品牌，首先公司品牌要与消费者个体建立起心理联系，其次通过自我—品牌联系增强对品牌的整体感知和理解，最后形成品牌依赖（Park, 2010）。如何才能更好地增强消费者对品牌的认知，学者们开始从各个角度进行研究。Troye（2013）研究认为，消费者的参与会对消费者体验产品造成一定的影响，研究结果表明，参与行为可以有效增强消费者的心理利益，有效提升消费者对品牌的认知程度。品牌也同样能够向每一位个体传输公司品牌的社会识别、身份地位、社会地位等价值（叶生洪等，2015）。袁悦（2016）以自我一致性理论为研究基础，探索品牌故事是否会对品牌形象造成影响，结果表明，品牌故事会提升消费者对品牌形象的认知程度，有利于消费者个体把自身形象和品牌形象更好地联结起来，自我—品牌联结一致性的程度越高，自我—品牌联系就越高。

2.2.4 产品涉入度

Sherif 和 Cantril（1947）认为，自我涉入指的是个人针对某事的自我涉入程度，这是对"涉入"一词最早的探讨。Krugman（1966）把"涉入"引入营销学，将"涉入"解释为受测试者把刺激内容和本人生活进行对比，或意识上能清楚地将刺激与本人生活进行对比，每分钟可以表达的字数，以此测量不同消费者对刺激物的关注程度与兴趣，进而对决策过程的影响。Zaichkowsky（1986）将涉入划分为广告涉入、产品涉入，以及购买决策涉入三个维度，得到了较为广泛的应用，其认为产品涉入即消费者对其所需、所买商品的重视程度。

桑辉、郭晓薇（2013）认为，产品涉入度从本质上说是基于消费者的概念，不是一个基于产品的概念，描述的是消费者对相关产品产生的反应，并且是消费者基于自身产生的一种主观感受。马向阳等（2016）进行研究后指出，产品涉入度是以消费者自身所具有的兴趣、价值观以及实际需求等为基础而产生的心理状态。高键、盛光华（2017）认为，产品涉入度是消费者个人因素和产品因素交互作用产生的结果。甄杰等（2018）提出了与高健和盛光华（2017）相似的观点，他们指出，消费者的实际需求和产品两者之间所产生的关系，能够在某种程度上引发消费者的某项动机，该项动机即为产品涉入度，并且它与个体因素和产品因素相关。其中，个体因素主要指消费者的实际需求以及消费观念等，而产品因素所包括的主要内容就是消费者对产品所产生的认知。

在以往的研究中，学者们认为，按照产品涉入度可以将消费者划分为低产品涉入度消费者和高产品涉入度消费者。消费者对产品所产生的认知和印象决定了其产品涉入度的高低，而对于同一种产品来说，不同的消费者也会产生不同的产品涉入度。对于高产品涉入度的消费者来说，他们会认为产品对自身而言是重要的或是产品的价值很高，而且具有高风险，在这样的情况下，他们会积极地去寻找该产品的相关信息，深入了解产品的性能和特征，甚至有可能去拜访不同的产品品牌（银成钺、于洪彦，2008）。而对于低产品涉入消费者而言，他们不会主动地去调查产品信息，只会被动地接受相关信息（汪涛、李燕萍，2007）。产品涉入度是基于消费者自我感知而存在的，如自身兴趣和价值观等的影响，一般情况下，消费者的产品涉入度越高，越能表示产品于消费者而言越重要，也就意味着消费者更有可能花费时间和精力评价与比较替代品牌，发现各品牌不同，形成对某一品牌的偏爱。低产品涉入度的消费者不会有复杂的决策和信息处理过程，甚至忽略决策过程，这或许意味着他有一个相对较大的品牌接受范围，与高产品涉入的消费者相比较，他们更可能较频繁地发生品牌转换。

本书借鉴 Zaichkowsky 提出的产品涉入度（Product Involvement）概念，是指个人所感知的产品属性与自身需求、价值观念和兴趣的相关程度，即为购买所付出的努力程度。

2.2.5 知识分享后效相关

价值是由谁创造的，是单独创造还是多方共同创造？这一直是营销界争论的问题。价值创造是使消费者（或用户）在某些方面变得更好或使消费者受益的过程。传统的价值创造观点认为，价值是由公司创造的，公司为消费者提供商品，消费者用金钱换取商品，消费者和公司之间只是一个商品和金钱的交换过程，价值是由企业创造并传递给消费者的，公司和消费者扮演生产者和消费者的角色。随着消费环境的升级，消费者已经从过去被动的购买者变成了积极的参与者，消费者不仅参与产品的生产过程，而且参与产品的创意设计阶段，将自己对产品的功能需求以及设计灵感加入其中，还在售后阶段对产品进行评价，用自己的产品体验贡献自己对产品和服务理解的价值，因而这些价值是由消费者和企业共同创造的，消费者和企业都变成了生产者，不再是由企业主导价值。

21 世纪初，管理学大师 Prahalad 和 Ramaswamy 提出了"价值共创"这一概念，共创是消费者参与其中并扮演重要角色共同创造价值的过程。价值共创，是价值链上各环节参与者通过互动合作，共同创造价值，各方受益的过程。价值共创最开始是指共同生产或者联合制造的过程。随着消费环境的升级，价值共创贯穿产品或服务的整个生命周期过程。目前，关于价值共创存在两种观点。一种是由 Prahalad 和 Ramaswamy 提出的基于消费者体验的价值共创理论，这种理论表明消费者和企业通过互动创造消费者个性化体验，价值存在于消费者个性化体验当中，共创价值在产品生命周期的任何阶段都可以产生。另一种是 Vargo 和 Lusch 提出的基于 S－D 逻辑的价值共创理论，S－D 逻辑认为，服务是经济交换的基础。消费者是价值的共同创造者，是以消费者为中心的，价值是被消费者同时定义和创造的。价值共创是双方甚至多方交换和分享资源的过程，传统的观点认为其只是商品进行交换的过程，是公司举办的一系列活动。这种价值共创理论认为，服务是经济交换的基础，消费者是价值的共同创造者，共创价值产生于消费者的使用和消费全过程。知识共享就是一个交换服务的过程（信息、愉悦感），知识共享强调用户双方进行互动，S－D逻辑强调用户在价值共创过程中扮演着重要的角色，这和虚拟社区过程中强调用户的互动本质是一样的，用户在价值共创活动中扮演重要角色。

虚拟品牌社区成员可以在没有社会地位、层级和规则的约束下，自由地与社区内外部成员进行沟通交流、分享知识，同时为企业维护顾客关系、开发新产品、解决管理问题等出谋划策，实现价值共创。例如，在企业实际运行过程中，星巴克自创的虚拟品牌社区就很好地证明了这一点。星巴克在其官网社区鼓励社区成员创造自己的专属饮品，消费者只需点击网页导航上"完美体验、我的定制"专栏，就可以创造自己的独特饮品；社区其他成员有权对新的虚拟饮品进行评价；对于在社区受追捧的饮品，星巴克会将其推广到实体店作为新的品种发布，实现价值共创。由此可以发现，在互联网日益发展的情况下，虚拟品牌社区中社区成员的知识分享对企业价值的提升有较大的促进作用。

先前关于共创的研究主要集中在生产领域，用户参与价值共创活动是为了获得相应的培训、掌握相应的技术。Loverock 和 Young（1979）研究发现，在价值共创活动中，公司可以从顾客参与共同生产的过程中受益，包括产量增加、成本减少、工作流程减少、营业收入最大化。现在，共创已经被应用于电子商务领域解释价值创造的过程。共创不仅能带来产品的创新，还能增强用户体验，因此用户能通过产品或服务的交换传递共创体验。Silva 等（2016）的研究结果表明，价值嵌入消费者和公司互动交流的共创过程中，用户通过个性化的体验，已经从过去被动的消费者变成了积极的参与者。共创价值来源于知识共享活动，是价值共创的来源和基础。Rintamaki 等（2006）研究发现，通过网上购物的用户能获得实用价值、社会价值和享乐价值。Kohler 等（2011）研究证实，在价值共创活动中获得的实用、社交、使用及享乐四种体验均可被用来评价用户互动产生的收益。Zhang 等（2015）发现，社交网站的技术特征会影响用户的共创体验，他们的研究结果表明，技术环境会提升用户的共创体验。

（1）知识分享与价值共创

随着全球化、网络化的发展，信息的获取变得越来越容易，消费者得以越来越公平、透明地与企业进行沟通、交流、对话，在这样一个互动的平台上消费者和企业可以交换资源、知识，最终为彼此创造价值。Luisa 等（2012）从家具市场零售商和顾客的价值共创研究中认识到顾客和企业是共同创造者，并构建了一个设计知识、能力和实践的流程。他们的研究指出，作为合作伙伴的双方都努力获取利益，而互动是获取对方知识和资源的关键，提高了这些参与者完成流程并创造互惠互利价值的能力。

《消费者王朝》（2005）一书中指出，顾客和企业的互动点是共同创造体验发生的地方，是价值共创发生的场所。共同创造体验是价值的基础，在企业与消费者的互动中，消费者实施选择权并通过与企业的互动共同创造自己的体验。也有学者指出，互动反映出价值共创的轨迹，价值创造在互动中发生、发展。顾客与企业之间的互动存在四个选择维度，构成了共创体验的条件和环境，四个选择维度是：与企业进行互动的多个渠道的选择自由、可获得性和购买力、消费者偏好的语言与方式进行互动和交易、价格—体验关系。因此，价值共创是可以通过多种渠道实现的，包括实体环境和虚拟环境，传统的渠道及新兴的电子渠道。价值共创还可以通过消费者的选择来实现，这与消费者的可获得性及购买力有关，如顾客定制化。价值共创还可以通过交易来实现，如景区的游客自助服务、自助机票打印等。

Langerak 和 Verhoef（2004）对兴趣社区和商业活动社区进行了实证研究，根据主体的不同将互动分成三种类别：成员与组织者之间的互动、社区与组织者之间的互动、成员与成员之间的互动。三种互动关系相互交织，构成了价值共创的互动网络，成员与成员之间的互动最为频繁。卫海英等（2011）在对服务企业品牌资产的研究中指出，顾客、企业、员工之间的多维交互引起了服务品牌价值的消长，三个界面的两两互动能够通过沟通协作创造价值，提高顾客满意度并激发品牌忠诚，提升品牌价值。王新新等（2012）

从体验价值创造的视角对卫海英多维互动的框架提出了补充,指出消费者参与价值共创的形式还有自我创意性消费,并且互动内容还包括消费者与产品的互动。Mill 和 Morris(1986)根据互动内容、目的导向的不同将消费者与企业互动分为三种:维持关系互动、任务互动和人际互动。万文海(2011)从消费互动视角研究了共创行为,并根据顾客目的的不同将其分为三类:工作情景互动、社交情景互动和熟悉情景互动。根据社会网络理论,这些共创的互动行为不仅可以帮助参与者获取信息与资源,还可以为其提供情感表达的场所。由此可见,共同创造中的互动不仅可以生成各种具有实用性的价值,而且可以为用户带来各种情感价值。

(2)价值共创与消费者品牌关系

世界经济越来越趋于全球化,加之信息技术的高速发展,企业单纯依靠产品发展会在市场中逐渐失去竞争优势,因此越来越多的企业认识到与顾客互动、提升服务的重要性,由此,价值链的产生从产品延伸到市场与服务中。将产品与服务融合是企业的初衷,但不能盲目,需要企业在提升产品质量的前提下,提高服务质量,加强与顾客的交流互动,提升顾客体验价值。顾客通过体验形成的独特感知可以为企业提供更多的改进意见,顾客体验价值的提升满足了需求,有利于提升顾客满意度;而顾客提出的意见可以更好地提升产品与服务的质量,实现企业与顾客的共创。Prahalad 提出,价值共创理论是基于顾客体验提出的,顾客的参与构成体验的一部分,在体验中实现价值共创,进而提高顾客满意度。

陈述(2010)提出,良好产品与服务的结合可以给消费者带来好的体验,好的体验使顾客形成独一无二的心理认知与感受,进而为企业提供独特的见解与意见,共同创造价值,同时令顾客的体验能够形成较高的满意度,有利于顾客满意度的提升。根据 Prahalad 的观点,价值共创是在顾客参与、体验中形成的,因此本书认为价值共创行为有助于提升顾客满意度。外国学者 Olgaoyner 和 Antonina Koerlina(2016)提出,顾客参与价值共创行为有利于提升顾客满意度。

Carroll 和 Ahuvia(2006)认为,品牌至爱强调了消费者与品牌之间"恋人"般的关系。近年来,品牌至爱的内容越来越广。价值共创就是为了更好地满足消费者,通过让消费者参与到研发、设计、生产、销售、物流等各环节的价值创造中去,使企业和消费者达到双赢。价值共创既是满足客户的过程,又是提升效益的过程。在传统的新产品开发项目中,创意的产生和想法的选择受到严格保密,通常由内部员工完成;在消费者参与价值共创过程中,企业会加大开放度、释放控制权,让客户成为活跃的共同创造者、创意者、决策者(张晓东,2019)。

如何让消费者和品牌达成"恋人"般的关系呢?企业与消费者的价值共创为品牌至爱的形成提供了方向。价值共创可以分为四个类型:产品设计创意共创、产品设计创意选择、产品营销创意共创、产品营销创意选择。而这四个类型又可以分为设计层面和营销层面。设计层面是指产品设计创意共创和产品设计创意选择,营销层面是指产品营销创意共创和产品营销创意选择。划分的依据是让消费者参与到企业的时间点。设计层面是产品还在孕育期的时候,企业让消费者参与进来;营销层面是产品生产后,企业让消费者在营销过程中参与进来。而参与时间点的不同对消费者形成品牌至爱程度有不同的影响。在设计层面让消费者参与进来,参与的时间越长,消费者对于企业品牌的理解会越多,对企业的印象会越深。所以,让消费者在设计层面参与进来产生的品牌至爱的稳定性会比让消费者在营销层面参与进来而产生的品牌至爱更加牢靠。所以,本书将从价值共创的设计层面出发,提出消费者品牌至爱情感的培养策略。

(3)价值共创与品牌价值

品牌价值是一个企业发展所必须重视的问题,因为一个企业的品牌在某种程度上代表了企业的产品和服务。品牌价值实质上是对企业的品牌进行量化,从而分析出由于品牌的加入,为企业产品所带来的额外增值或收益的多少。企业的品牌价值可以通过以下方法进行评估,即当一个企业的产品没有使用品牌时,经过一段时间的销售,该产品的销量达到了某一数量或者获得了一定的利润,此时如果企业的该产品使用了品牌,在相同的时间段内,企业产品的销量或盈利达到了比原先没有使用品牌时新的高度,则两者的差值就代表了企业的品牌价值，此时的品牌价值为正；如果使用企业品牌后，产品的销量不升反降或没有多大的影响，则表明企业的品牌价值为负或者为零。

对品牌价值的研究主要分为以下三种：一是从企业发展的角度分析，认为品牌价值是一种能够增加企业产品价值的无形资产，并且企业的品牌价值和企业的整体发展存在着正向关系，即企业发展得越大，企业的品牌价值越大，同时还会进一步加快企业的发展；二是从消费者的角度分析，认为企业的品牌价值能够在一定程度上影响消费者的选择，能够反映出消费者对该产品的购买意愿；三是从企业和消费者角度综合分析，认为品牌价值涉及的利益群体有多种，因为品牌价值是和企业以及品牌客户等紧密联系在一起的，通过树立企业品牌的形式，能够使企业获得额外的经济收益。

用户参与价值共创已经成为极具现实意义的价值共创模式。而在信息爆炸的时代，新用户群体所具有的极强的个人意识使他们更倾向于借鉴潮流后再生成自己独特的文化品位。因此，环境因素对潜在用户兴趣培养有可观的诱导力，接受虚拟品牌社区的用户对该社区所代表的品牌也会表现出强烈的归属感与忠诚度。因此，用户源于内心的兴趣爱好所创造出来的作品，对垂直人群的吸引力是巨大的。这类由文化爱好联结的虚拟品牌社区用户正在参与价值共创并积极通过优质内容来引领自身与品牌发展，其在进一步推动社区生态健康的同时影响着企业的品牌价值。

服务创新一直是现代服务业实现进一步发展的推动力和助推器，服务价值的实现是在消费者与服务企业之间相互信任的基础上产生的。如果企业与消费者之间无法达成共识，那么实现价值共赢也会变得十分困难。消费者与企业互动可以加强企业与消费者之间的对话与学习，互动是推动企业价值共创的重要推动力，有助于企业获取更多关于顾客消费需求、消费习惯以及消费偏好的信息。服务主导逻辑价值共创观点强调企业的创新战略应该始于对价值创造的理解，在这个过程中消费者是服务创新价值共创的重要参与者。价值共创的策略在于顾客会与企业建立关系联盟，使消费者产生归属感，而消费者在价值共创系统中，因互动互惠，实现价值共赢。

2.3　文献评述

国外对于虚拟社区的研究早于国内，这与国外网络普及和电子商务开展较早有关，随着国内电子商务领域的蓬勃发展，网络成交量及物流发展都居于世界领先水平，对网络营销的载体之一——虚拟社区的研究就显得极其重要。通过经营虚拟社区吸引用户、维护用户关系为企业带来商业价值，虚拟社区在营销实践中发挥的重要作用被广泛认可。因此，有关虚拟社区的研究从各个方面展开，包括虚拟社区环境的影响、用户数量与商业价值的联系、品牌忠诚等。虚拟社区提供给消费者不同于传统购物场所的体验，消费者关于产品和品牌的体验与知识分享成为潜在消费者判断购买产品与否的重要影响因素。我们称用户自主生成有关产品和品牌的信息并在虚拟社区发布的过程为虚拟社区知识分享。

知识分享的动机及前因的研究相对丰富，不同的学者从技术接受视角、心理学视角、社会学视角及系统论视角讨论了知识分享发生的原因，消费者分享的动机分别从经济利益、信息互惠、利他、自我表达等方面进行分析。目前，虚拟社区知识分享的影响分为三个方面：一是对虚拟社区积极影响，提升虚拟社区影响力；二是对参与虚拟社区的用户自身的提升；三是对品牌态度和品牌口碑的影响。但是，总体而言，知识分享的后果研究相对缺失，并且知识分享对品牌产生影响的内在机制研究不足。虚拟社区感被认为是虚拟社区成员参与活动形成的类似于传统社区人际交往中的认同感，虚拟社区感的提出为研究虚拟社区中消费者与品牌间的关系提供了新的思路。学者们认为，虚拟社区感可以增强消费者与品牌间的联系，形成品牌承诺和忠诚。

综上所述，虚拟社区在网络营销中的应用形成了可观的商业价值，对品牌价值的提升和消费者关系的维护也是学者们关注的热点。虚拟社区知识分享产生的后效作用及路径研究相对较少，本书从知识分享接收者视角研究虚拟社区知识分享对消费者—品牌关系的影响，讨论其作用的内在机制；探索了知识分享的后效影响，对企业在线品牌管理和品牌传播有一定的现实意义。

3 研究假设与理论模型

3.1 研究假设

3.1.1 知识分享与虚拟社区感

虽然目前没有关于知识分享对虚拟社区感影响的相关研究，但是已有学者分别研究了知识分享质量和知识分享主体的专业能力和社区地位对感知有用性、满足的影响（杨爽，2013；Petty and Cacioppo，1986；Cheung et al.，2008），需求满足被证实是影响虚拟社区感的重要前因（Koh and Kim，2003；Ellonen，2007）。在信息接受模型中，信息质量和信息源可靠性通过感知有用性对信息的可接受程度产生影响，高质量的信息和可靠的信息源可以满足消费者搜集信息的需求，提高满意度。梁文玲等（2016）的研究指出，在虚拟品牌社区中，优质的信息资源可以帮助消费者认识品牌，更好地识别出能够满足消费者需求的产品，进而积极影响消费者持续参与虚拟社区的意愿。Cheung（2008）的研究表明，高质量的信息具有相关性与完整性的特点，满足用户搜集信息的需求。Kim和Koh（2003）指出，虚拟社区感是一种心理状态，是用户在虚拟社区的活动中获得良好体验和实现价值时对虚拟社区感到满意和沉浸的心理。Ellonen（2007）提出，需求满足是影响虚拟社区感产生的原因。

基于以上分析，提出如下研究假设。

H1：知识分享质量对虚拟社区感有正向影响。

H1a：知识分享质量对成员感有正向影响。

H1b：知识分享质量对沉浸感有正向影响。

Chaikend等（1999）认为，虚拟社区知识分享发送者特征是用户判断信息内容是否可以参考的因素。传统的信息源可信赖性包括专业、经验和可信特质（Martin and Lueg，2013），信息源的专业性越强，支持者越会传递出信息可信的信号。所以，虚拟社区知识分享者的专业能力会影响消费者对虚拟社区信息有用性的感知。常亚平等（2011）的研究，证实了发送者专业能力和社区地位特征会对感知风险产生影响，如果发送者的专业能力和社区地位得到虚拟社区成员的认证，参考其知识分享就会降低用户的感知风险。Moon和Kim（2001）发现，通过与其他用户互动获取有价值的信息，不但可以使其产生对所在虚拟社区的归属感，还可以提高用户的忠诚度。

基于以上分析，提出如下研究假设。

H2：主体专业能力对虚拟社区感有正向影响。

H2a：主体专业能力对成员感有正向影响。

H2b：主体专业能力对沉浸感有正向影响。

Tonteri等（2011）指出消费者参与虚拟社区是有目的的，用户虚拟社区感的形成和增强以满足期望为前提。杨爽（2013）的研究将虚拟社区知识分享发送者社区地位作为研究对象，研究了知识分享中发送者社区地位特征对用户感知信息有用性的影响。虚拟社区知识分享者通过分享高质量、准确的知识提升和巩固自己在该社区的地位，为了获得其他用户的持续关注，分享内容会迎合用户的实际需求（谢毅、彭泗清，2009）。

基于以上分析，提出如下研究假设。

H3：主体社区地位对虚拟社区感有正向影响。

H3a：主体社区地位对成员感有正向影响。

H3b：主体社区地位对沉浸感有正向影响。

3.1.2 虚拟社区感与消费者—品牌关系

消费者—品牌关系对于品牌发展有积极影响。从关系视角看，品牌拥有忠诚的客户群体，就有了品牌资产的基础，有助于品牌资产的提升（Fournier，1994）。Chu和Chan（2009）指出，企业通过虚拟品牌社区捕捉消费者对品牌的真实感受与评价，从而获取忠实消费者的反馈和潜在需求，有助于维护与消费者之间的关系。McMillan和Chavi（1986）认为，虚拟品牌社区有助于使虚拟社区成员形成"我们感"(Sense of Weness),成员在"我们感"意识的推动下形成承诺。随着成员"我们感"意识的增强,对品牌的承诺感也越来越强(刘新、杨伟文,2012)。承诺指的是消费者与品牌之间的相对稳定性关系(马双、王永贵,2015)。

吴麟龙、汪波(2015)提出,虚拟社区认同可分为成员间认同、社区认同和品牌认同,有相同喜好的消费者聚集在虚拟品牌社区,其共同的兴趣容易使其产生共鸣,这种认同对社区本身和品牌的认同都有促进作用,成员与成员之间认同也可以通过社区认同促进成员对品牌的认可。成员感有助于用户建立身份意识,对所在社区产生情感上的承诺,成员对群体的感情依赖,会影响自身的自我品牌联结(杜伟强等,2009)。

基于以上分析,提出如下研究假设。

H4:成员感对消费者—品牌关系有正向影响。

H4a:成员感对承诺有正向影响。

H4b:成员感对亲密有正向影响。

H4c:成员感对满意有正向影响。

H4d:成员感对自我品牌联结有正向影响。

沉浸即投入超常规的时间和精力,虚拟社区沉浸需要付出成本,更易对参与的虚拟社区产生积极情感,形成对虚拟社区的承诺。Delone 和 Mclean(1992)提出,在虚拟环境下,成员在互动过程中的感受决定了对虚拟社区的情感承诺。成员在虚拟社区的互动交流可以发生在任何时间、任何地点,这种便捷性的沟通方式使用户愿意花费时间继续使用,有利于培养用户忠诚(Armstrong and Hagel,1996)。刘新、杨伟文(2010)指出,虚拟品牌社区通过成员间的认同易培养对品牌的认同,认同感积极影响忠诚。加入虚拟社区的消费者比一般消费者更易形成品牌忠诚。朱振中(2014)的研究认为,虚拟社区感能够积极影响消费者忠诚度,成员的沉浸会加深对虚拟品牌社区及成员间关系的感受。

基于以上分析,提出如下研究假设。

H5:沉浸感对消费者—品牌关系有正向影响。

H5a：沉浸感对承诺有正向影响。

H5b：沉浸感对亲密有正向影响。

H5c：沉浸感对满意有正向影响。

H5d：沉浸感对自我联结有正向影响。

3.1.3 虚拟社区感的中介作用

从虚拟品牌社区中知识分享影响路径的分析可以看出，虚拟社区知识分享后效研究的影响路径是通过虚拟社区融入或情感感知来发生作用的，即虚拟社区知识分享通过品牌社区融入或内部关系对品牌态度及品牌口碑等产生影响关系。有学者分别从企业公开信息、消费者互动、用户参与及线上体验等变量对消费者—品牌关系的影响进行了研究，虚拟社区中消费者知识分享涉及企业和品牌的公开信息、消费者的体验信息以及口碑的互动交流、疑问解答。另外，学者们从认同角度提出社区认同加深品牌认可的逻辑，即虚拟社区用户通过对社区的认同会提升对该品牌的认可。

黄敏学等（2015）指出，消费者在获取或分享内容时，能够满足消费者需求的信息和良好的体验会通过社区认同影响消费者忠诚，社区认同是中介变量。同时，社区认同的中介作用在虚拟社区知识分享对消费者品牌态度的影响机制中也得到验证（孙红，2018）。徐光等（2016）的研究指出，用户参与虚拟社区的初衷是相同的爱好，相互之间的交流、讨论有助于社区本身良好的运行发展和成员知识的积累，在这个过程中表现为认同和沉浸的虚拟社区感加强了成员参与社区活动的意愿，虚拟社区感的中介作用得到实证证实。李嘉琪（2018）研究了在移动健身社区实用和情感方面的体验对用户忠诚的正向影响关系以及虚拟认同感的中介作用，同样的兴趣和相似的使用感受使用户对社区产生认同从而成为虚拟社区的持续使用者。用户在虚拟社区中有明确的身份意识并在感知到情感和价值时才会产生认同感。由于虚拟品牌社区知识分享能让消费者对品牌产品有更多的了解，从而加深对品牌的了解，感知到参与该社区的意义，建立起与该品牌之间的关系。

基于以上分析，提出如下研究假设。

H6：虚拟社区感在知识分享对消费者—品牌关系的影响中起中介作用。

H6a：虚拟社区感在知识分享质量对消费者—品牌关系的影响中起中介作用。

H6b：虚拟社区感在专业能力对消费者—品牌关系的影响中起中介作用。

H6c：虚拟社区感在社区地位对消费者—品牌关系的影响中起中介作用。

3.1.4 产品涉入度的调节作用

产品涉入度是产品本身带给消费者的感受与自己的需求、评价以及喜爱的相关程度（Zaichkowsky，1985），或消费者购买产品所付出的努力程度。消费者产品涉入度较低时，意味着其发生购买行为时不会花费时间收集信息，只会寻找最省力、最简捷的方法，也会依靠主观认知做出决策。消费者产品涉入度越高，消费者越会主动寻求多种渠道获得相关信息（王正方，2016），比较各种信息方案（金立印，2007；李英等，2015），也更加偏向于听取"专业人士"的意见。虚拟品牌社区提供给消费者的是一种高涉入度场景，企业官方信息和高质量的知识分享能够增加消费者信赖感及认可度（杨爽，2015）。因此，当消费者产品涉入度较高时，消费者倾向于搜集更多的信息，虚拟品牌社区提供给消费者获取知识和信息的平台，也将有利于形成其对社区的认同和沉浸。当消费者产品涉入度较低时，消费者不会沉浸于虚拟品牌社区，那么对虚拟品牌社区产生认同和沉浸的可能性会降低。所以，消费者产品涉入度的高低会对其虚拟社区感产生不同的影响。

基于以上分析，提出如下研究假设。

H7：产品涉入度在虚拟社区知识分享对虚拟社区感的影响中起调节作用。

H7a：产品涉入度在知识分享质量对虚拟社区感的影响中起调节作用。

H7b：产品涉入度在专业能力对虚拟社区感的影响中起调节作用。

H7c：产品涉入度在社区地位对虚拟社区感的影响中起调节作用。

3.2 理论模型

综上所述，基于虚拟社区知识分享、虚拟社区感、消费者—品牌关系之间的关系，在文献分析的基础上提出本书的研究假设，借鉴 SOR 模型和信息接受模型，构建出知识分享对消费者—品牌关系影响的概念模型，如图 3-1

所示。在社会化媒体背景下,研究虚拟社区知识分享者的知识分享质量、专业能力和社区地位通过虚拟社区感对消费者—品牌关系强度的影响,虚拟社区感的中介作用以及产品涉入度的调节作用。

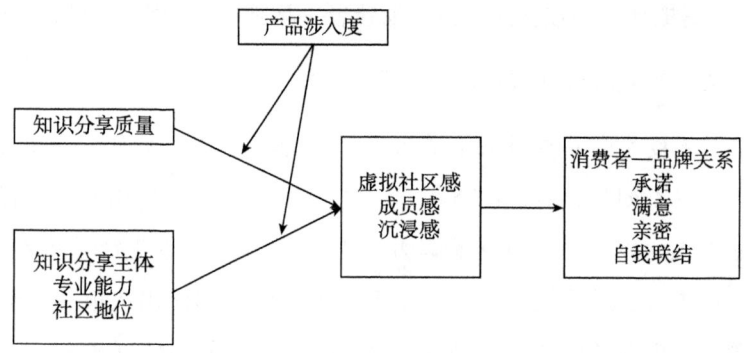

图3-1 知识分享对消费者—品牌关系影响的概念模型

4 研究设计

4.1 变量测量

4.1.1 自变量的测量

本书对于知识分享质量的测量参考 Delone 等（2003）、Mckinney 等（2002）的量表，包括四个题项。借鉴学者对知识分享主体的划分，对于专业能力的测量参考 Netem Eyer 等（1992）、Bansal 等（2000）的量表，包括三个题项。对于社区地位的测量借鉴常亚平等（2011）的研究，包括三个题项。

4.1.2 中介变量的测量

本书对于虚拟社区感的测量注重于虚拟社区知识分享接收者方面，因此选择了成员感和沉浸感两个维度，并参考 Koh 等（2003）对虚拟社区感题项的设置，成员感和沉浸感两个维度分别包括四个题项。

4.1.3 调节变量的测量

测量产品涉入度参考的是 Zaichkousky（1985，1994），常亚平、邱媛媛（2011）的研究，分别为：重要、息息相关、有意义和很需要。

4.1.4 结果变量的测量

对于消费者—品牌关系强度参考 Jennifer 等（2003）；Aaker, Rournier 和 Brasel（2004）的研究，消费者—品牌关系强度用承诺、亲密、满意、自我联结维度表示，对具体题项进行翻译，承诺包括四个题项、亲密包括四个题项、满意包括四个题项、自我联结包括四个题项。

最后得到本书涉及变量的测量量表，见表 4-1。

表4-1 变量的测量量表

变量名	编号	测项
知识分享质量	KQ_1	该虚拟品牌社区的成员分享的知识与品牌很相关
	KQ_2	该虚拟品牌社区的成员分享的知识是准确的
	KQ_3	该虚拟品牌社区的成员分享的知识是完整的
	KQ_4	该虚拟品牌社区的成员分享的知识是可靠的
专业能力	PC_1	该信息发送者熟悉购买该商品的相关知识
	PC_2	该信息发送者在该商品领域算是一个行家
	PC_3	该信息发送者对该商品有丰富的购买或使用经验
社区地位	NS_1	该信息发送者在社区发布的精华帖数量很多
	NS_2	该信息发送者在社区的威望值很高
	NS_3	该信息发送者在社区发帖、回帖的积极性很高
成员感	VCM_1	我觉得自己是这个社区中的一名成员
	VCM_2	我觉得社区里的成员就像我的好朋友一样
	VCM_3	我喜欢该社区的成员
	VCM_4	我对该社区有一种归属感
沉浸感	VCI_1	我在该社区花费了很多时间
	VCI_2	我会经常去逛这个社区
	VCI_3	我花在该虚拟社区的时间比预想中多
	VCI_4	我因为参与社区的活动而影响了其他活动安排
产品涉入度	PI_1	我觉得使用该品牌商品对我来说是重要的
	PI_2	我觉得使用该品牌商品与我的生活息息相关
	PI_3	我觉得使用该品牌商品对我来说是很有意义的
	PI_4	我觉得使用该品牌商品对我来说是需要的
承诺	COM_1	我对该品牌很忠诚
	COM_2	在该品牌临时缺货时,我愿意等待
	COM_3	该品牌是我购买同类商品的首选
	COM_4	当该品牌遇到问题时,我觉得自己会给予它鼓励和支持
亲密	ZNT_1	该品牌能满足我的需求
	ZNT_2	我愿意向其他人推荐该品牌
	ZNT_3	我对该品牌的产品和提供的服务很熟悉
	ZNT_4	我熟知该品牌的相关知识

续表

变量名	编号	测项
满意	SAT_1	我对该品牌非常满意
	SAT_2	该品牌让我感到很高兴
	SAT_3	该品牌的表现超过了我的预期
自我联结	SC_1	该品牌能够反映我的个性
	SC_2	该品牌非常适合我
	SC_3	该品牌很能说明我想成为什么样的人
	SC_4	跟人与人之间的关系一样,我和该品牌有某种情感上的联系

4.2 问卷设计

本问卷包括基本信息和虚拟社区知识分享对消费者—品牌关系影响的测量两个部分,知识分享质量采用 Delone 等(2003)、Mckinney 等(2002)已经开发的成熟量表;知识分享主体分为专业能力和社区地位两个维度,专业能力参考 Netem Eyer 等(1992)、Bansal 等(2000)的量表,社区地位参考常亚平、邱媛媛等(2011)的量表;虚拟社区感的测量参考 Koh 等(2003)对虚拟社区感题项设置;产品涉入度参考的是 Zaichkousky(1985,1994),常亚平、邱媛媛等(2011)的研究。消费者—品牌关系参考 Jennifer 等(2003);Aaker,Rournier 和 Brasel(2004)的测量量表。调查问卷的选项形式采用李克特(Liket Scale)5 级量表,从 1~5 级分别是"非常不同意、比较不同意、一般、比较同意、非常同意",供参与调查者按照本人的实际情况评价题项相似程度。

4.3 调查对象

本次问卷调查的主要对象是虚拟品牌社区的成员,问卷首先介绍了虚拟品牌社区的含义,在基础信息部分设置了三类虚拟品牌社区:化妆品类品牌社区、手机类品牌社区、机动车类品牌社区。本书认为这三大类品牌社区比较有代表性,参与人数较多。通过问卷星样本服务和微信推荐发放调查问卷《虚拟品牌社区知识分享对消费者—品牌关系的影响》,问卷内容由基本信息部分和虚拟品牌社区知识分享对消费者—品牌关系的影响测量部分组成。基本信息部分主要包括样本的性别，年龄，受教育程度，月收入，关注的虚拟品牌社区种类、动机及时间长短；虚拟品牌社区知识分享对消费者—品牌关系的影响测量部分包括知识分享质量、分享主体、虚拟社区感、产品涉入度、消费者—品牌关系测量的题项。

根据数据结果发现，调查样本的男女比例基本持平，分别占有效样本总数的50.4%和49.6%；年龄主要集中在18~40岁，分布较为平均，与参与虚拟社区群体分布的实际情况相符；84.8%的样本学历是大学生；月收入分布较为均等，月收入3000元及以下人数最少，占样本总量的18.8%，月收入在5001~8000元的人数最多，占样本总量的36.6%。调查样本关注的虚拟品牌社区种类主要集中在化妆品类和手机类，分别占样本总数的33.2%和44.9%。其中，高达75.6%的人参与虚拟品牌社区的动机是获取信息，所以本书从知识分享接收者角度研究虚拟社区知识分享对消费者—品牌关系的影响是有必要的。调查样本中，77.0%的人关注虚拟品牌社区的时间在3年以内，因为虚拟品牌社区存在的时间不长，企业关注虚拟品牌社区的建立以及推广产品、维系消费者—品牌关系也处于探索阶段。有效问卷样本基本信息汇总见表4-2。

表4-2 有效问卷样本基本信息汇总

变量	指标	数量/人	百分比/%
性别	男	182	50.4
	女	179	49.6
年龄	18岁及以下	1	0.3
	19~25岁	91	25.2
	26~30岁	124	34.3
	31~40岁	120	33.2
	41岁及以上	25	6.9
受教育程度	初中及以下	2	0.6
	高中	16	4.4
	大学	306	84.8
	硕士及以上	37	10.2

续表

变量	指标	数量	百分比
月收入	3000元及以下	68	18.8
	3001~5000元	85	23.5
	5001~8000元	132	36.6
	8001元以上	76	21.1
关注虚拟品牌社区类别	化妆品类	120	33.2
	手机类	162	44.9
	机动车类	40	11.1
	其他	39	10.8
访问动机	分享知识	49	13.6
	获取信息	273	75.6
	互动聊天	20	5.5
	其他	19	5.3
关注时长	1年及以下	129	35.7
	2~3年	149	41.3
	4~5年	62	17.2
	6年及以上	21	5.8

5 实证分析

本书对问卷进行了前测,首先通过微信发放问卷,共回收有效问卷83份,并使用 SPSS 22.0 进行信度、效度检验,结果显示,所有变量的 Cronbach's α(克朗巴哈)系数 >0.8,样本涉及所有变量的 KMO 系数 >0.8,证明该问卷具有良好的信度和效度;其次通过问卷星样本服务收取问卷,通过付费鼓励吸引用户填写;最后共回收问卷411份,并剔除明显雷同项、选项统一项的问卷50份,保留361份有效问卷,有效问卷回收率为87.83%。

5.1 描述性统计分析

本量表采用五点评分法,因此中位数为3,有效问卷共361份,相关描述数据见表5-1。知识分享质量(KQ)的均值和标准差为 3.63±0.60,专业能力(PC)的均值和标准差为 3.82±0.63,社区地位(NS)的均值和标准差为 3.74±0.62,成员感(VCM)的均值和标准差为 3.69±0.76,沉浸感(VCI)的均值和标准差为 3.33±0.77,产品涉入度(PI)的均值和标准差为 3.79±0.70,承诺(COM)的均值和标准差为 3.78±0.69,亲密(ZNT)的均值和标准差为 3.95±0.63,满意(SAT)的均值和标准差为 3.49±0.62,自我联结(SC)的均值和标准差为 3.65±0.71。

表5-1 调查样本的描述性分析

变量	样本量	最小值	最大值	平均值	标准差	变异数
KQ	361	1.00	5.00	3.63	0.60	0.36
PC	361	1.00	5.00	3.82	0.63	0.40
NS	361	1.67	5.00	3.74	0.62	0.38
VCM	361	1.00	5.00	3.69	0.76	0.57
VCI	361	1.25	5.00	3.33	0.77	0.59
PI	361	1.25	5.00	3.79	0.70	0.49

续表

变量	样本量	最小值	最大值	平均值	标准差	变异数
COM	361	1.00	5.00	3.78	0.69	0.47
ZNT	361	1.50	5.00	3.95	0.63	0.40
SAT	361	1.33	4.67	3.49	0.62	0.38
SC	361	1.50	5.00	3.65	0.71	0.51

5.2 信度检验

信度（Reliability）即可靠性，是指采用同样的方法对同一对象重复测量时所得结果的一致性程度。Cronbach's α 信度系数是目前最常用的信度系数，评价的是量表中各题项得分间的一致性，属于内在一致性系数。这种方法适用于态度、意见式问卷（量表）的信度分析。总量表的信度系数最好在 0.8 以上，0.7～0.8 可以接受；分量表的信度系数最好在 0.7 以上，0.6～0.7 还可以接受。Cronbach's α 系数如果在 0.6 以下就要考虑重新编制问卷。

表 5-2 汇总了研究涉及变量的 Cronbach's α 系数。知识分享质量整体量表 Cronbach's α 系数为 0.803＞0.8，证明知识分享质量测量数据可信度良好。知识分享主体两个维度专业能力和社区地位的 Cronbach's α 系数分别为 0.727 和 0.706，均大于 0.7，而且因为两个变量设置的题项较少，所以信度系数可以接受。虚拟社区感两个维度——成员感、沉浸感的 Cronbach's α 系数分别为 0.865 和 0.812，均大于 0.8，说明虚拟社区感测量数据可信度良好。同时，产品涉入度的 Cronbach's α 系数 0.859＞0.8，表明产品涉入度测量数据可信度良好。消费者—品牌关系四个维度中，承诺和自我联结的 Cronbach's α 系数分别为 0.816 和 0.822，均大于 0.8 测量数据，可信度良好，亲密的 Cronbach's α 系数为 0.798，接近 0.8，满意的测量题项设置较少，Cronbach'a 系数为 0.734＞0.7，所以信度系数可以接受。综上所述，本书涉及所有变量数据测量信度系数良好。

表 5-2 变量量表信度结果汇总

变量量表	Cronbach's α	N of Items
知识分享质量	0.803	4
专业能力	0.727	3

续表

变量量表	Cronbach's α	N of Items
社区地位	0.706	3
成员感	0.865	4
沉浸感	0.812	4
产品涉入度	0.859	4
承诺	0.816	4
亲密	0.798	4
满意	0.734	3
自我联结	0.822	4

5.3 效度检验

本书采用的量表均为国内外广泛应用的成熟量表，检验量表的效度，进行验证性因子分析即可。验证性因子分析测量三个部分，分别是收敛效度（Convergent Validity）、区分效度（Discriminant Validity）和结构效度（Structural Validity）。收敛效度是指测量相同潜在特质的题项会落在同一个潜变量构面上，并且题项间所测得的测量值之间具有高度的相关性。收敛效度的判断标准：①所有因子载荷应大于0.5；②各个变量组合信度（CR）大于0.7；③平均方差提取（Average Variance Extracted，AVE）应大于0.5。表5-3汇总了本书各变量的 AVE 值和 CR 值及各个题项的因子载荷，数据显示，各变量测量题项的因子载荷均大于0.5，CR 值均大于0.7，专业能力（PC）、社区地位（NS）、满意（SAT）的 AVE 值分别为0.471、0.448、0.480，这些数值大于0.4，接近0.5，也是可以接受的，其他变量的 AVE 值均大于0.5，因此测量量表的收敛效度良好。

表5-3 变量的收敛效度检验

变量	测量项	因子载荷	AVE	CR
知识分享质量（KQ）	KQ_1	0.698	0.508	0.805
	KQ_2	0.746		
	KQ_3	0.663		
	KQ_4	0.743		

续表

变量	测量项	因子载荷	AVE	CR
专业能力（PC）	PC_1	0.703	0.471	0.727
	PC_2	0.654		
	PC_3	0.702		
社区地位（NS）	NS_1	0.638	0.448	0.708
	NS_2	0.723		
	NS_3	0.645		
成员感（VCM）	VCM_1	0.747	0.616	0.865
	VCM_2	0.793		
	VCM_3	0.803		
	VCM_4	0.797		
沉浸感（VCI）	VCI_1	0.838	0.539	0.820
	VCI_2	0.799		
	VCI_3	0.736		
	VCI_4	0.525		
产品涉入度（PI）	PI_1	0.825	0.606	0.850
	PI_2	0.736		
	PI_3	0.759		
	PI_4	0.791		
承诺（COM）	COM_1	0.788	0.553	0.820
	COM_2	0.689		
	COM_3	0.748		
	COM_4	0.692		
亲密（ZNT）	ZNT_1	0.690	0.500	0.800
	ZNT_2	0.677		
	ZNT_3	0.741		
	ZNT_4	0.721		
满意（SAT）	SAT_1	0.706	0.480	0.735
	SAT_2	0.699		
	SAT_3	0.675		

续表

变量	测量项	因子载荷	AVE	CR
自我联结（SC）	SC_1	0.718	0.528	0.816
	SC_2	0.766		
	SC_3	0.658		
	SC_4	0.760		

区分效度表示的是潜变量间的相关和差异程度，当潜变量的平均提取方差（AVE）的平方根比自身和另外的潜变量的相关系数大时，表示潜变量能够区别于其他潜变量，有显著的差异性或相关程度低。相关系数及 AVE 值平方根见表 5-4。

表 5-4 变量的区分效度检验

	KQ	PC	NS	VCM	VCI	PI	COM	ZNT	SAT	SC
KQ	0.713									
PC	0.652**	0.686								
NS	0.626**	0.706**	0.669							
VCM	0.603**	0.544**	0.590**	0.785						
VCI	0.474**	0.405**	0.438**	0.596**	0.732					
PI	0.635**	0.610**	0.628**	0.741**	0.593**	0.778				
COM	0.551**	0.564**	0.584**	0.677**	0.551**	0.729**	0.743			
ZNT	0.571**	0.626**	0.592**	0.662**	0.517**	0.718**	0.756**	0.707		
SAT	0.593**	0.610**	0.580**	0.605**	0.533**	0.677**	0.739**	0.769**	0.693	
SC	0.578**	0.538**	0.580**	0.642**	0.602**	0.713**	0.732**	0.716**	0.743**	0.726

注：**表示在 0.01 水平（双侧）上显著相关，对角线位置为 AVE 值的平方根。

结构效度的结果主要由结构方程的绝对拟合指标及增值拟合指标决定，各项拟合指数包括 x^2/df、RMSEA、GFI、IFI、TLI、CFI 的取值。当 x^2/df 介于 1~2，RMSEA<0.08，GFI、IFI、CFI、TLI 的数值大于 0.9 时，可以认为量表结构效度良好。

基于 AMOS 24.0 对结构效度进行检测，结果见表 5-5。x^2/df 值为 1.766<2，RMSEA 值为 0.046<0.08，GFI 值为 0.859>0.8，接近 0.9 结果可以接受，IFI、CFI、TLI 的值均大于 0.9，证明结构效度良好。

表 5－5 模型的拟合优度指标

	x^2/df	RMSEA	GFI	IFI	TLI	CFI
实际值	1.766	0.046	0.859	0.940	0.941	0.932

综上所述，本书测量量表具有良好的收敛效度、区分效度、结构效度，因此说明各变量测量量表具有良好的效度。

5.4 相关性分析

通过相关系数判断变量之间的相关关系，本书变量知识分享、虚拟社区感、消费者—品牌关系变量各维度之间的相关系数见表 5－4。

数据显示，自变量与中介变量间的相关关系：知识分享质量与成员感和沉浸感的相关系数为 0.603、0.474，专业能力与成员感和沉浸感的相关系数为 0.544、0.405，社区地位与成员感和沉浸感的相关系数为 0.590、0.438，相关系数对应 p 值均小于 0.01，证明本书中自变量与中介变量之间具有显著的正相关关系。也就是说，虚拟社区知识分享质量越高、分享者专业能力越强、社区地位越高，知识分享接收者产生的虚拟社区感越强烈。中介变量与因变量之间的相关关系：成员感与承诺、亲密、满意、自我联结的相关系数分别为 0.677、0.662、0.605、0.642，沉浸感与承诺、亲密、满意、自我联结的相关系数分别为 0.551、0.517、0.533、0.602，相关系数对应 p 值均小于 0.01，证明本书的中介变量与因变量之间具有显著的正相关关系，反映出虚拟社区知识分享接收者虚拟社区感越强烈，消费者—品牌关系强度越高。

5.5 主效应检验

采用结构方程模型对模型假设进行检验。因为本书涉及的变量知识分享主体、虚拟社区感、消费者—品牌关系均为二阶变量，知识分享主体分为专业能力和社区地位两个维度，虚拟社区感分为成员感、沉浸感两个维度，消费者—品牌关系分为承诺、亲密、满意、自我联结四个维度，理论模型中的潜变量较多，因此采用 AMOS 24.0 软件运用最大似然估计法对结构方程进行检验，本书的结构方程模型见图 5－1。标准化系数均为正向显著（方差 C.R. 值为 13.416）说明没有违反估计（Offending Estimate），适宜进行路径分析。

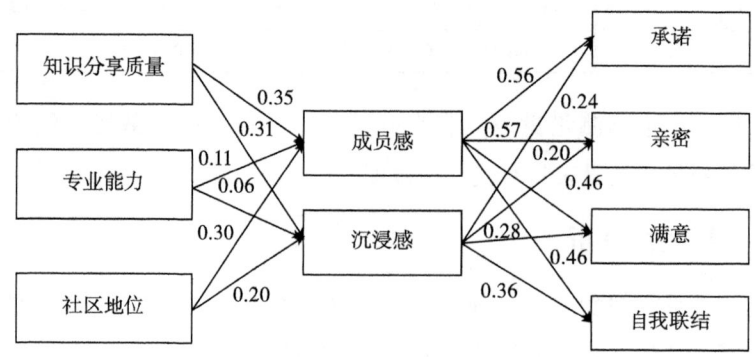

图 5-1 结构方程模型

表 5-6 为本书结构方程模型对模型假设检验结果，C.R.（Critical Ratio）值即 Z 值，是路径系数与 S.E. 的比值（Strand Error），当 C.R. >3.25，即 $p<0.001$，C.R. >1.96，即 $p<0.05$ 代表假设成立。知识分享质量对虚拟社区感有显著的正向影响，C.R. 值分别为 6.359、4.874，$p<0.001$，H1 得到支持。专业能力对虚拟社区感的影响不显著，H2 没有得到支持。社区地位对虚拟社区感有显著的正向影响，C.R. 值分别为 5.080、2.991，$p<0.001$、$p<0.05$，H3 得到支持。虚拟社区感对消费者品牌关系的正向影响显著，分别表现为成员感对消费者品牌关系的影响，C.R. 值分别为 11.541、11.415、8.855、9.326，$p<0.001$，沉浸感对消费者品牌关系的影响，C.R. 值分别为 4.909、3.922、5.319、7.244，$p<0.001$，H4、H5 均得到支持。

表 5-6 路径系数显著性检验

路径关系	路径系数	S.E.	C.R.	p	检验结果
成员感←知识分享质量	0.438	0.0690	6.359	***	支持
沉浸感←知识分享质量	0.392	0.0800	4.874	***	支持
成员感←专业能力	0.130	0.0720	1.813	0.070	不支持
沉浸感←专业能力	0.076	0.0840	0.911	0.362	不支持
成员感←社区地位	0.363	0.0720	5.080	***	支持
沉浸感←社区地位	0.250	0.0830	2.991	**	支持
承诺←成员感	0.489	0.0420	11.541	***	支持

续表

路径关系	路径系数	S.E.	C.R.	p	检验结果
亲密←成员感	0.458	0.0400	11.415	***	支持
满意←成员感	0.365	0.0410	8.855	***	支持
自我联结←成员感	0.412	0.0440	9.326	***	支持
承诺←沉浸感	0.206	0.0420	4.909	***	支持
亲密←沉浸感	0.156	0.0400	3.922	***	支持
满意←沉浸感	0.217	0.0410	5.319	***	支持
自我联结←沉浸感	0.316	0.0440	7.244	***	支持

注：**表示 $p<0.01$，***表示 $p<0.001$，C.R. 值即 Z 值。

5.6 中介效应检验

本书检验中介效应运用 SPSS 22.0 的 Process 插件，采用 Bootstrap 方法，参照 Hayes（2012）提出的方法，将样本量设定为5000，采用偏差校正的非参数百分位法进行抽样，并将置信区间的置信度设为95%，若在该置信区间内间接效应上下限不包括零，则说明中介效应存在。根据结构方程模型路径分析结果，虚拟社区知识分享者专业能力对虚拟社区感的影响作用没有得到支持，因此，不对该路径进行中介作用检验。

采用 Hayes（2012）编制的 SPSS 宏中的 Model（Model 4 为简单的中介模型），在控制性别、年龄的情况下对虚拟社区感在知识分享质量与消费者—品牌关系影响的中介作用进行检验。本书中的虚拟社区感分为成员感和沉浸感两个维度，消费者—品牌关系分为承诺、亲密、满意和自我联结四个维度，因此分为八个模型分别检验它们之间的关系。以模型1为例，即检验成员感在知识分享质量与承诺的关系中的中介作用，结果见表5-7。知识分享质量对承诺的作用显著（$t=12.32$，$p<0.01$），知识分享质量对成员感的影响作用显著（$t=13.91$，$p<0.01$），而且当放入中介变量成员感后，知识分享质量对承诺的作用依然显著（$t=4.75$，$p<0.01$），成员感对承诺的作用显著（$t=11.58$，$p<0.01$）。此外，成员感的中介效应在95%置信区间的上下限都不包含零，表明成员感能够通过知识分享适量影响承诺。该中介效应（0.37）占总效应的59.63%。另外，模型2到模型4分别检验成员感在知识分享质量与亲

密、满意、自我联结间的中介作用,判断方法与模型1一样。数据结果显示,成员感的中介效应显著,分别为0.31、0.24、0.32,占总效应的52.54%、39.34%、47.06%。模型5到模型8分别检验沉浸感在知识分享质量与承诺、亲密、满意、自我联结间的中介作用,沉浸感的中介作用显著,分别为0.20、0.15、0.16、0.23,占总效应的31.75%、25.42%、26.23%、34.33%。

表5-7 中介效应检验1

中介路径	直接效应			间接效应			相对中介效应/%
	效应值	95%置信区间		效应值	95%置信区间		
		下限	上限		下限	上限	
KQ→VCM→COM	0.26	0.15	0.36	0.37	0.29	0.46	59.63
KQ→VCM→ZNT	0.28	0	0.18	0.31	0.24	0.38	52.54
KQ→VCM→SAT	0.37	0	0.26	0.24	0.17	0.30	39.34
KQ→VCM→SC	0.36	0	0.24	0.32	0.24	0.40	47.06
KQ→VCI→COM	0.43	0	0.32	0.20	0.13	0.27	31.75
KQ→VCI→ZNT	0.44	0	0.34	0.15	0.10	0.21	25.42
KQ→VCI→SAT	0.45	0	0.36	0.16	0.10	0.21	26.23
KQ→VCI→SC	0.44	0	0.34	0.23	0.16	0.30	34.33

模型9到模型16检验虚拟社区感在社区地位与消费者—品牌关系中的中介效应,其中模型9到模型12分别为成员感在社区地位与承诺、亲密、满意和自我联结中的中介效应检验,模型13到模型16分别为沉浸感在社区地位与承诺、亲密、满意和自我联结中的中介效应检验。分析过程与模型1一致,具体数据见表5-8。通过分析得出,成员感在社区地位与承诺、亲密、满意和自我联结中的中介效应显著,分别为0.33、0.28、0.23、0.30,占总效应的50.77%、47.46%、40.35%、45.45%。沉浸感在社区地位与承诺、亲密、满意和自我联结中的中介效应显著,分别为0.18、0.14、0.15、0.21,占总效应的27.69%、23.33%、25.86%、31.82%。

表 5 – 8 中介效应检验 2

中介路径	直接效应			间接效应			相对中介效应/%
	效应值	95%置信区间		效应值	95%置信区间		
		下限	上限		下限	上限	
NS→VCM→COM	0.32	0	0.22	0.33	0.26	0.41	50.77
NS→VCM→ZNT	0.31	0	0.22	0.28	0.22	0.35	47.46
NS→VCM→SAT	0.34	0	0.25	0.23	0.17	0.30	40.35
NS→VCM→SC	0.36	0	0.25	0.30	0.22	0.39	45.45
NS→VCI→COM	0.47	0	0.55	0.18	0.11	0.24	27.69
NS→VCI→ZNT	0.46	0	0.37	0.14	0.08	0.19	23.33
NS→VCI→SAT	0.43	0	0.34	0.15	0.10	0.20	25.86
NS→VCI→SC	0.45	0	0.35	0.21	0.15	0.28	31.82

综上所述，中介变量虚拟社区感在自变量知识分享质量、社区地位与因变量消费者—品牌关系中的中介作用显著，H6a 和 H6c 得到支持。

5.7 调节效应检验

通过多层次回归对调节作用进行分析。由于结构方程路径分析专业能力对虚拟社区感关系没有得到支持，因此，这里只对知识分享质量、社区地位对虚拟社区感的影响中产品涉入度的调节作用进行分析。如表 5 – 9 所示。因为虚拟社区感分为成员感和沉浸感两个维度，所以共建立了 4 个模型，模型 17、模型 19 分别检验产品涉入度在知识分享质量对成员感、沉浸感关系中的调节作用，将知识分享质量和产品涉入度的交互项放入检测模型中，知识分享质量对成员感和沉浸感的影响作用显著（$\beta = 0.215$，$p < 0.001$；$\beta = 0.157$，$p < 0.01$），但知识分享质量和产品涉入度的交互项对成员感及沉浸感的作用不显著（$\beta = 0.026$、$\beta = 0.069$，$p > 0.05$），说明产品涉入度在知识分享质量对虚拟社区感的影响中的调节作用不显著。模型 18、模型 20 分别检验产品涉入度在社区地位对成员感、沉浸感关系中的调节作用，将社区地位和产品涉入度的交互项放入检测模型中，社区地位对成员感和沉浸感的影响作用显著（$\beta = 0.207$，$p < 0.001$；$\beta = 0.108$；$p < 0.05$），但社区地位和产品涉入度的交互项对成员感和沉浸感的作用不显著（$\beta = 0.041$、$\beta = 0.037$，$p > 0.05$），说明产品涉入度在社区地位对虚拟社区感的影响中的调节作用不显著。H7 没有得到验证。

表 5-9 调节效应多层次回归分析结果

变量	成员感		沉浸感	
	模型 17	模型 18	模型 19	模型 20
控制变量				
性别	-0.002	-0.010	0.007	-0.004
年龄	0.094**	0.101**	0.026	0.032
自变量				
知识分享质量	0.215***		0.157**	
社区地位		0.207***		0.108*
调节变量				
产品涉入度	0.595***	0.605***	8.965***	0.527***
交互项				
知识分享质量×产品涉入度	0.026		0.069	
社区地位×产品涉入度		0.041		0.037
R^2	0.589	0.588	0.373	0.361
F	101.602***	101.230***	42.152***	40.110***

注：*表示 $p<0.05$，**表示 $p<0.01$，***表示 $p<0.001$。

5.8 实证研究结果

综上所述，在结构方程模型路径分析中，成员感←专业能力，沉浸感←专业能力两条路径没有得到支持（$Z=1.813$，$p>0.05$；$Z=0.911$，$p>0.05$），因此，没有验证该路径的中介作用和调节作用时，结构方程模型中的其他路径均得到支持，数据结果见表 5-8。采用 Bootstrap 方法验证虚拟社区感的中介效应，由于变量为二阶变量，维度较多，共建立 16 个模型，并且每个模型的中介效用都得到验证。采用多层次回归分析验证产品涉入度的调节效用，共建立 4 个模型分别验证知识分享质量、社区地位对虚拟社区感的影响中产品涉入度的调节作用，但交互项对虚拟社区感的影响作用不显著，因此产品涉入度的调节作用没有得到验证。本书假设检验结果汇总见表 5-10。

5 实证分析

表 5-10 本书假设检验结果汇总

	研究假设	检验结果
H1	知识分享质量对虚拟社区感有正向影响	支持
H2	主体专业能力对虚拟社区感有正向影响	不支持
H3	主体社区地位对虚拟社区感有正向影响	支持
H4	成员感对消费者—品牌关系有正向影响	支持
H5	沉浸感对消费者—品牌关系有正向影响	支持
H6a	虚拟社区感在知识分享质量对消费者—品牌关系的影响中起中介作用	支持
H6b	虚拟社区感在专业能力对消费者—品牌关系的影响中起中介作用	不支持
H6c	虚拟社区感在社区地位对消费者—品牌关系的影响中起中介作用	支持
H7	产品涉入度在虚拟社区知识分享对虚拟社区感的影响中起调节作用	不支持

因此,根据实证研究结果,对本书的理论模型进行修正。修正后的理论模型如图 5-2 所示。

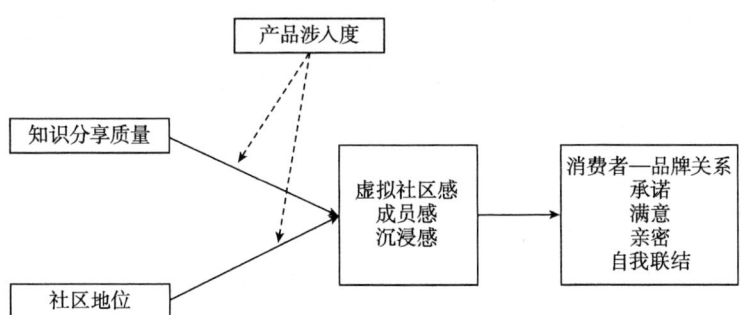

图 5-2 修正后的理论模型

6 案例研究

为了从接收者的角度出发,更好地探索虚拟社区消费者知识分享通过虚拟社区感对消费者—品牌关系的影响,本部分采用了案例研究方法。案例研究方法擅长回答"如何/怎么样"和"为什么"的研究问题。"如何/怎么样"的研究问题涉及现象所发生的模式,我们可以通过案例研究突出情境、展示过程和揭示关系,理解现象中连接原因与结果的、由一系列事件组成的逻辑链,进而对现象进行解释。"为什么"的研究问题涉及现象所发生的机制,我们通过案例研究,对产生现象模式的内在原因进行解释,探究模式下隐含的理论机制。只有揭示出模式背后隐含的机制,才能更深刻地理解现象以某种特定方式发生和演变的因果逻辑。本书的研究目的偏重于从"如何/怎么样"的角度揭示虚拟社区消费者知识分享通过虚拟社区感对消费者—品牌关系的影响模型,因而选择案例研究是合适的,通过案例部分可以充分探究企业实际运行下虚拟社区中知识分享对消费者—品牌关系的影响路径。

在案例部分,我们以虚拟社区中知识分享相对成功的五类虚拟社区为例进行分析以寻找知识分享成功的原因,即采取等结果设计的多案例研究方法。单案例研究方法在深入调查新现象及动态过程时具有明显优势,而多案例研究方法更具有普适性,与单案例研究方法相比更可靠。由于多个案例能够相互比较,可以通过横向分析得到仅分析其中某一个案例无法得到的研究发现。从多个案例中推导出的结论,往往被认为更具有说服力,整个研究也更经得起推敲。因此,本案例采取多案例研究方法且采取等结果设计策略。等结果设计强调殊途同归,案例分析单元有相同或相似的结果,但实际上这些结果的路径和机制是存在差异性的。采取等结果设计的多案例研究,案例企业的起点虽然具有很大的差异性,但最终的结果是相同或相似的,这种结果可以是成功的,也可以是失败的,等结果设计型多案例研究的目的在于挖掘造成同一结果的原因。

在案例研究中,对目标案例的筛选需要遵循规范性原则、典型性原则以及目的性抽样原则。第一,案例研究的规范性原则要求选取的案例能够提供有效连接研究问题与研究结论的证据链。第二,案例研究样本选取的典型性抽样原则要求选取的案例对于所要研究的问题具有很好的代表性。第三,案例研究的目的性抽样原则要求选取的案例能够有效地促进理论构建或者发展。基于上述三条原则,本书最终选择化妆品牌完美日记社区、手机类的小米社区、生活分享类的小红书社区、视频类的哔哩哔哩社区(以下简称"B 站")以及直播品牌海狸先生社区进行分析研究。

本部分案例研究的数据主要来源于文档资料和参与性观察。文档资料属于二手资料,不是为了研究目的而公开的材料,具有一定的真实客观性,通过搜集五类虚拟社区在网上公开的信息资料,我们获得了关于案例研究所需的重要初始资料。此外,我们还作为社区成员参与到虚拟社区的知识分享中,进行参与性观察获得原始资料,检验了文档资料的准确性和更加深入地了解了虚拟社区,从而更加全面地得到相关研究结论。

6.1 完美日记案例分析

6.1.1 完美日记公司简介

(1)完美日记品牌发展简介

完美日记品牌正式成立于 2017 年,母公司是成立于 2016 年的广州逸仙电子商务有限公司,创始团队主要有三位成员:创始人兼 CEO 黄锦峰、联合创始人兼 COO 陈宇文、联合创始人兼运营副总裁吕建华。创业之初,几位来自中山大学的校友,为了纪念母校,便以学校创办人孙中山先生的号"逸仙"作为公司名称,所以有了后来的逸仙电商。完美日记经营的主要是护肤品、面膜、化妆品、口红、粉底液等各种彩妆产品。

经过短短三年的发展,完美日记已经从广州一家名不见经传的小公司,一跃成为美妆届的"国货之光"。

2017年3月，完美日记品牌正式成立，淘宝店铺上线；同年8月，完美日记的淘宝店铺正式升级为天猫店铺。2018年天猫"双11"，完美日记仅用90分钟即突破1亿元销售额，销售总额位列天猫彩妆榜第二、国货美妆品牌第一。2019年天猫"6·18"，完美日记跻身"亿元俱乐部"、位居美妆类目第一，销售增速达1193%，成为消费品行业的明星品牌。同年9月，完美日记完成了C轮融资，高瓴资本领投，红杉中国和华人文化跟投，此轮融资的估值超10亿美元。这意味着目前中国最顶尖的两家投资机构同时身居完美日记股东之列。作为当年天猫"双11"销售额首个破亿元的彩妆品牌，"双11"期间仅开场28分钟，完美日记销售额就超过了2018年"双11"全天的销售额。在天猫公布的一份调研报告中，完美日记是"00后"粉丝占比第二名的国货品牌，仅次于华为。

2020年4月，作为首个亮相天猫超级品牌日的国货彩妆品牌，完美日记勇破天猫超级品牌日销售纪录成为No.1，品牌全网粉丝数突破2500万人，公司估值已达20亿美元。

（2）完美日记品牌经营特点

完美日记的用户精准定位为18～28岁的年轻女性，其中"00后"占比50%，"95后"占比70%。完美日记品牌的含义是Unlimited Beauty，即美不设限。"完美"贴合了女生想要变美的心理，在一定程度上给予女性消费者解决皮肤问题的寓意。而"日记"具有私密、独特且透露着神秘色彩的特点，作为一种持续性的记录，给人带来亲切的陪伴感。

完美日记的品牌使命是专注对美的探索、重塑和表达，为每个人提供触手可及且超越期待的美妆体验。品牌态度是追求完美——追求完美、永不停歇，创造触手可及且超越期待的美妆体验；探索想象——持续探索，积极想象，不断寻求美的灵感，拓宽美的边界；表达自我——相信每个人都有独特的美，鼓励并帮助她们实现不同的自我表达；拥抱多元——尊重每个生命的独一无二，拥抱美的多元化。完美日记荣获多项美妆大奖：WWD国际美妆产业大赏"年度新品牌奖"；ELLE美妆大赏"创意跨界实力奖"；芭莎"年度最佳眼影"；瑞丽"年度畅销王牌粉底液"；瑞丽"人气断货王睫毛膏"。

完美日记品牌具体有以下特点。

①国货之光。

作为创立于2017年的中国新锐彩妆品牌，完美日记在致力于探索欧美时尚趋势的同时结合亚洲女性面部和肌肤特点，用心为中国年轻女性开发一系列高品质、精设计的彩妆产品。支持中国时尚产业，立志于打造国际影响力的 China Beauty Icon。它的产品创始人是一位海归人士，品牌在广州创立，以电商的形式走进人们的视野，所有的产品前期投资和后期研发都在中国，是地道的中国品牌。

完美日记的品牌理念是表达自我和拥抱多元，品牌在发展之初就在化妆品市场发展的基础上充分表达自我，在这个国货被很多人看不起的时代，完美日记挑起了一面大旗，主要发展国货品牌，致力于将国货带到人们的视野中，并且在发展的同时还将国货品牌带入各大时尚平台，让亚洲人选择更适合自己肤质的彩妆。同时"国货之光"也成为完美日记拉近国内消费者亲切感的标签。国人的民族主义和爱国情怀一向炽热，而近年来，国人对本土品牌的文化认同感也越发显现。在海外品牌浸润了这么多年的情况下，完美日记的产品质量、理念都不再过时，再加上"国货之光"的标签，让消费者在满足本身的产品需求之余，更愿意为情怀"埋单"。对于很多人来说，完美日记不仅是一个品牌，它更是国货发展的象征，证明了国货也可以很好，国货也可以走向世界。

②极致性价比。

依据用户定位，完美日记能描绘出一幅清晰的用户画像：以大学生、职场新人为主，大多是"化妆小白"。这也决定了完美日记需要坚持"平价路线"，产品必须具有极致性价比。在完美日记的产品线中，价格最低的卸妆棉、美妆蛋、眉笔、唇线笔、单色眼影等产品单价仅为20多元。价格最高的单品是口红、多色眼影盘与底妆产品，单价也不超过200元。大部分产品单价均不足100元，在国际大牌口红单价位于200~300元时，完美日记一款月销25万+的唇釉单价不足60元。甚至在一些电商活动中第二件产品领券后还能享受半价优惠。完美日记天猫官方旗舰店显示爆款唇釉单价不足60元。

③超强更新速度。

完美日记有着很高的新品推出频次，每个月会研发 3～5 款新品，其试图通过加快产品推陈出新的速度提高年轻人的复购率，同时跟进每一个季度的流行风向和颜色，并且对海外的流行趋势保持高度关注。比如，在 2019 年，由 Colorpop 和 Huda Beauty 等品牌所倡导的光泽感、大亮片眼影非常流行，完美日记也推出了相关的大亮片、珠光和偏光眼影产品。尤其是完美日记之前与 Discovery 联名的眼影盘系列，以老虎、鳄鱼等动物作为配色灵感，其中的亮片眼影成为一个鲜明的产品记忆点。

完美日记更新产品的速度超过了很多国际大牌。公开数据显示，仅 2019 年，完美日记就在天猫旗舰店上架了近千个 SKU。目前，完美日记的全线单品已经接近 500 个，包括底妆、唇妆、眼妆、化妆工具、卸妆产品等。中国美妆品牌的开发周期一般是 12～18 个月；国际大牌研发、迭代周期显得较为漫长，通常要半年才会有一次上新活动，往往一年才有一次大变动，很多时候，这种变动只是包装、外形上的调整，在产品研发上的迭代则会更加漫长。而完美日记保持每个月 5～6 款新品上市，其中 1～2 款爆款，比如 2019 年 2 月完美日记爆款——恒色轻雾唇釉。"6·18""双 11"等期间还会推出重量级单品。如此众多的单品满足了不同人群的需求，在眼影品类，"化妆小白"可以选择完美日记光影星河眼影盘大地色亚光珠光系，眼影盘的配色方便初学者搭配；重度用户可以选择完美日记中国国家地理十六色眼影盘，满足其对于质地的需求。甚至某单品就可以满足不同消费群体的需求，如完美日记推出的十二色动物眼影，其中既有方便"小白"用户搭配的基础配色，还有重度用户偏爱的质地。

④大牌平替。

在中国，除了少部分美妆品牌拥有自建工厂，大部分企业都选择了委托代工生产的方式，其中又分为代工生产（OEM）和贴牌生产（ODM）两种。而全球最强的 OEM、ODM 企业几乎都位于中国，经过多年的发展，它们已经有了一套成熟的生产体系，对于新品牌而言，与这些企业合作将因此受益，完美日记就是其中之一。

根据公开信息，完美日记三大代工厂分别为科丝美诗、莹特丽、上海臻臣，其中科丝美诗为完美日记生产了粉底、气垫、口红、眼影等产品，占其产品线的40%左右。而这三家代工厂还是美妆国际大牌在中国的代工厂。这也就意味着，完美日记可以利用与大牌相同的生产线，又不需要花费高昂的研发费用，稳贴"高性价比""大牌平替"标签。

"大牌平替"抓住了年轻群体的消费心理。比如，完美日记在宣传"小黑钻"口红220色号时会提到这可以成为专柜品牌雅诗兰黛的"大表姐色"（刘雯曾代言雅诗兰黛，这一色号是她在海报中涂抹的颜色）的平价替代。同时，完美日记也推出了与兰蔻新出的迷雾亚光唇膏196色号对应的色号。这切中了一部分国内年轻消费者希望跟随彩妆潮流，又不想花很多钱去买大牌的心理。或许，在拥有了许多大牌产品之后，她们愿意做出一些不一样，也无须为此花费太多成本的尝试。"大牌平替"，既让女孩儿们完成了一场对流行趋势的追逐，又在一定程度上守护住了钱包的厚度。

⑤跨界合作。

2018年"双11"期间，完美日记推出与大英博物馆联名款十六色眼影盘，这款眼影盘的灵感来自文艺复兴时期的马约里卡陶盘，适合文艺复古妆容。通过与大英博物馆的携手，让艺术走出博物馆，来到普通人的身边，同时共同传递美，可以不受时间、空间限制，增加了品牌的文化内涵。

2019年3月，完美日记与全球知名频道Discovery合作推出探险家十二色眼影盘，打造更具魅力的野性特色妆容。这款眼影盘分别以小鹿、斑虎、小猪、小熊猫、大熊猫、冰狼、鳄鱼等野生动物为灵感，配色大胆。这款动物眼影，刚一推出就成了爆款，在网络上掀起了购买浪潮，同时这款眼影荣获了"ELLE 2019年度美妆之星创意跨界实力奖"。

2019年10月1日，是中华人民共和国成立70周年，完美日记携手《中国国家地理》推出联名款眼影，将中国特色景观融入其中。新品眼影取材于中国真实的地形地貌，并以中国传统颜色命名，分别为"赤彤丹霞""粉黛高原""碧蓝湖泊""焕彩梯田"。其文案"赤色顷染澎湃山丘灿烂如散落的霞光""粉色彩霞席卷辽阔山脉与群山黛色交相辉映""碧蓝湖泊分布在高原动物亦汇聚于碧流之间""初升的红日照耀梯田层层叠叠变幻出多重色彩",将中国美贯彻到底。在"国潮"大热的今天,可谓深深抓住了消费者的心理。

完美日记先后与大英博物馆、Discovery 频道、《中国国家地理》联名,不仅提高了品牌的知名度、影响力以及品牌调性,而且让消费者看到了完美日记未来的无限可能。

6.1.2 完美日记品牌社区创建

完美日记作为彩妆新宠,在国际美妆品牌已经非常成熟的情况下不断实现销售奇迹。"打入年轻人的阵地,用他们乐于接受的方式进行对话。"使完美日记拥有了最成功的传播方式,形成了自己的流量社区,使更多人了解并且购买完美日记产品,从而使完美日记销量在众多彩妆产品中名列前茅。完美日记主要借助小红书、抖音、微博、微信、知乎等社交媒体平台构建自己的虚拟社区,具体有以下几种类型。

(1) 依托小红书 App

作为目前国内美妆用户主要聚集社区之一,小红书拥有活跃的年轻用户群体及较强的内容生产能力。Quest Mobile 统计数据显示,2020 年春节假期前后小红书日活跃用户有 2100 万人,同比增长 35.0%,日均使用时长 32 分钟,同比增长 44.9%。截止到 2019 年 5 月,小红书的用户达到了 2.5 亿人,其中 90% 的用户为女性,70% 以上的用户为"90 后""95 后",对美妆产品有着强烈的需求。

完美日记成立仅一年,即把投放重点放到时尚女性聚集地小红书上,2017 年完美日记开始了对小红书的全面布局,品牌入驻小红书,疯狂吸粉 170.2 万人,将小红书作为产品推广的主战场。自从入驻小红书以来,完美日记官方自产的笔记就近 500 篇,疯狂吸粉近 200 万人,高颜值的首页装修,也成为用户爱上它的原因之一。完美日记采用金字塔式投放策略,投放层次分明,非常精准,效果好且花钱少。自上而下分别为明星、"头部"KOL(关键意见领袖)、"腰部"KOL、素人等,主要是通过明星的"种草"引起消费者关注,选择林允、欧阳娜娜、张韶涵、龙妈、网红 KOL 李佳琦、朱正廷等明星针对不同的粉丝用户;邀请了很多"头部"和"腰部"的 KOL 撰写原创笔记,对其产品进行测评、试色和对比，用自己的消费感受引导消费者购买产品；最后由普通消费者购买回到平台，进行 UGC 内容创作，进行二次传播。在以上路径中，完美日记更注重中"腰部"KOL 以及素人，相较于明星和网红，消费者更信任素人的分享，利用素人进行内容营销更加贴近实际，可以增强用户黏性，实现流量变现。在小红书的搜索框输入"完美日记"四个字，会出现 10 万+篇笔记。其中，大多数笔记来自普通用户的体验感受，消费者的良心"种草"推荐，生活场景的应用，大大增加了用户对品牌的信任，产生了共鸣。

（2）基于 B 站和抖音

除了小红书，抖音和 B 站也是完美日记构建虚拟社区的重要平台。

抖音上 70% 的用户为"90 后"，这个年龄的用户也正是现在美妆行业的主要消费人群。完美日记借力双方用户属性的高度重合，成功打开了市场。完美日记的抖音官方账号粉丝数已经冲破 300 万个。远超过国际一线大牌雅诗兰黛、欧莱雅，究其原因，与其发布的内容有关。不同于别的美妆账号只是发布产品介绍视频，完美日记发布的更多是有趣的视频，通过了解女性心理推出"女性最讨厌听到的话"短视频，与消费者产生情感共鸣。短视频"你的男/女朋友是如何 pian 到手的"因剧情的不断反转，引起了一批用户疯狂转发，因此聚集了大量人气。完美日记还选择带货达人李佳琦"种草"推荐，李佳琦多次在抖音推荐完美日记的产品。很多用户就是看了李佳琦的"种草"视频才了解到完美日记这个品牌的。

B 站作为"00 后"扎堆的短视频平台，在未来的 5 年内，将会是一个很大的市场。完美日记看中的，正是它现在的传播能力和未来的潜力。B 站的美妆视频大多以推荐"白菜价"产品为主，很多大学生和刚刚毕业的实习生，都是奔着 UP 主推荐的评价产品来的。完美日记完美地利用了自己的价格优势，在 B 站站稳了脚跟。通过携手 B 站，完美日记将产品融入 UP 主的摄影、视频等内容创作中，直击用户日常生活，让他们身临其境感受产品的特性。

（3）运用微博和微信

完美日记也在微博、微信上构建虚拟社区。微博作为美妆行业的主战场，完美日记自然不会错过。完美日记构造了一个白胖子的卡通形象，是美妆行业首个 IP 化的品牌。完美日记通过生动的卡通形象的设计，使品牌形象具体、鲜活，更容易被消费者记住，抢占消费者的心智，与消费者产生情感共鸣。完美日记先后请了许多 KOL 在微博上带动话题，通过博文视频等形式，介绍产品的性价比、效果等，全网阅读量飙升。2018 年，完美日记邀请人气明星朱正廷代言品牌，开启完美日记在微博上的刷屏模式。

在微信上，完美日记投入了朋友圈广告。微信平台通过大数据的筛选，帮助完美日记找到潜在用户即社区成员——曾经对美妆广告点赞、评论转发的用户或搜索过品牌的用户，实现了完美日记广告的精准投放。完美日记还通过微信公众号、微信个人号及小程序等方式，构建起庞大的营销矩阵，提升用户的复购率和留存率。2020 年初，完美日记微信个人号"小完子"上线，4 天便创造了 1000 万元的总交易额。作为连接完美日记与终端用户的中间媒介，"小完子"由数千个微信个人号组成，成为美妆消费者的微信好友，为她们提出"变美"建议。一方面，"小完子"在微信群内发布低价限时秒杀等优惠信息，链接直接导向完美日记微信商场小程序，扩大传播效能。同时，"小完子"也会通过用户调研、市场调研等获得用户反馈，方便自身产品的升级迭代。另一方面，不同于一般智能机器客服，"小完子"背后有专业团队进行运营，更像是美妆界的"关键意见消费者"（Key Opinion Consumer, KOC），在朋友圈发布各种日常自拍、新品、抽奖活动等，很大程度上影响了用户的购买决策。除了微信个人号，完美日记还通过 Perfect Diary 完美日记、完美日记美妆社、完美日记颜究所、完美日记颜霸少女、完美日记"种草"课堂、完美日记宠粉联盟店、完美日记颜值计划等公众号和小程序为用户提供了解完美日记和交流发表评论的平台。

(4) 利用知乎

知乎是国内比较专业化的平台之一，很多人在遇到专业问题的时候，都会上知乎寻求答案。在"种草"和推荐领域做得很成功的完美日记，当然也需要专业化内容的支撑。完美日记在知乎上多以回答专业性问题为主，从专业角度解读其产品的功效与实用性，让很多人看到了一个专业的美妆品牌。

同时，还邀请专业的美妆达人，从用户角度解答完美日记的卖点，很大程度上增强了用户的信任感。

6.1.3 完美日记社区知识分享

（1）划分完美日记社区成员

在进行虚拟社区构建时，首先需要充分了解品牌和社区成员之间的关系，通过区分不同层次的关系来确定品牌知识分享的目标社区成员。一般情况下，可以把品牌社区成员分成三个层次。第一个层次是与品牌有"泛关系"的潜在社区成员，也就是对品牌没有什么认识、没有接触过品牌的受众群体，这些群体需要通过社区内别人分享的知识来打破他们的信息屏障，让他们慢慢接受各种和品牌有关的信息。第二个层次是与品牌有"弱关系"的普通社区成员，也就是那些对品牌有所了解，并且接触过品牌的消费者，他们虽然对企业的品牌有所认识，但是并没有形成对品牌的喜爱度和忠诚度，这部分群体需要有一些知识分享的机会，例如，在一些社区成员感兴趣的话题或品牌语境中发表自己的经验看法。第三个层次是与品牌有"强关系"的忠诚社区成员，也就是那些接触过企业产品和品牌，和品牌互动比较多并且购买过品牌产品的消费者群体，对于这些消费群体，他们亲切地感受到了品牌的魅力，深入了解了品牌的文化价值，掌握了大量与品牌相关的知识，是知识分享的重要角色。

完美日记首先借助互联网技术，采用二次链接、转发活动等方式从泛关系中筛选出"弱关系"的普通社区成员——那些曾经对完美日记美妆广告点赞、评论转发的用户或搜索过品牌的用户；其次通过持续营销来筛选培育强关系的忠诚社区成员。以小红书为例，完美日记给了社区成员分享传播知识的机会使社区成员与品牌的关系变得稳固。我们对账号以粉丝量级进行分类，主要分为：明星（认证，如朱正廷）；知名 KOL（加 V 认证，如李佳琦）；"头部" KOL（粉丝数 >50 万）；"腰部" KOL（5 万 < 粉丝数 <50 万）；初级 KOL（5000 < 粉丝数 <5 万）；素人（300 < 粉丝数 <5000）；路人（小于 300 粉丝）。完美日记自上而下的投放广告比例为（除路人外）：1∶1∶3∶46∶100∶150。由此可见，完美日记并非一味在寻求大牌明星的代言，而是广泛投放"腰部"

以下的小众 KOL，而对于"路人"类型来说，基本上属于用户的自发传播。最受完美日记广告代言青睐的是完美日记小红书账号笔记里多次提到的小红书用户、多次写完美日记分享的用户以及最早体验并分享完美日记新品的用户，这些用户也是完美日记的忠诚社区成员。

(2) KOL 分享知识，获取社区成员信任

年青一代更多是通过社交媒体了解美妆资讯，不仅降低了美妆消费者门槛，也使社群化的影响力逐渐扩大。他们更愿意在社群中分享信息，并信赖明星、美妆博主及 KOL 的推荐，KOL 营销早已成为社会化营销的主阵地。社交电商的渗透，也给社群化营销提供了变现的渠道。这一部分美妆垂直受众，他们属性相同且感染力强，对品牌的好感度来源于人与人之间的口碑传递，只要提供适配的转化链路，就能与电商平台链接产生转化。而社交电商平台上的 KOL，他们依靠内容输出聚合粉丝，同时用自身的影响力辐射圈层用户，形成具备传播效力的社群。新锐美妆品牌发现社交电商与自身属性契合，则是通过在一系列内容投放与共创，社群运营与维护中得出的经验，甚至内容电商营销策略助力品牌登上国产美妆行业的"头部"位置。

成长于互联网时代的年轻用户，对传统硬广告的信任度已经降低，更加依赖垂直领域 KOL 的评价和反馈。据艾媒咨询统计，2019 年"双 11"期间，KOL 投放量创历史新高，营销投放账号数量同比增长 57%；高达 84.3% 的网民观看了明星带货内容后，购买了明星推荐的产品，其他 KOL 带货的转化率在 75% 以上。"网民对各类带货 KOL 的信任程度均在五成左右。"艾媒咨询分析师指出，随着电商直播带货的火热，无论是明星还是各类网红，凭借自身流量与粉丝基础，再加上丰富多样的带货形式，都能取得比较好的带货效果，通过 KOL 带货进行转化的形式开始成为商家营销的重要关注渠道。

具体来看，首先，完美日记会在"头部" KOL 发布新品信息，并搭配唇妆代言人朱正廷、底妆代言人赖冠霖、色彩代言人罗云熙、安瓶能量大使吴青峰等明星广告，最大范围触及潜在用户，引发粉丝的关注与讨论。其次，通过"腰部"及以下 KOL 的新品测试与分享，完美日记向用户解析产品使用效果，实现传播的横向拓展与纵向下沉。例如，2019 年"6·18"期间，完

美日记邀请了微博博主阿花花酱、赵梦玥、吱儿吱儿吱、ya咸咸、魏滋滋zizi等KOL进行周期性宣传。值得一提的是，2020年2月，完美日记十二色动物眼影盘首推的小狗盘，选用了李佳琦的小狗Never作为"代言人"。2月25日0时，小狗盘在李佳琦直播间开启预售，15万个眼影盘迅速秒光；3月5日正式开售，30万个眼影盘也被抢购一空。此外，完美日记充分利用"身边人"的评价进一步巩固产品口碑。投放素人不仅扩大了传播声量，而且更容易推动品牌与消费者之间建立信任关系，引发他们的从众心理。在保持KOL声量（"声量"为"笔记留言+点赞+收藏"的总量）的同时，完美日记将素人购买分享进行二次传播。

(3) 私域流量社区维持信任

私域流量是与公域流量相对的一个概念。私域流量是企业或个人自主拥有的，免费的，可以自由控制、多次利用的流量。比如，微信公众号、微信个人号、自己的App等。完美日记花费大量成本，自行开发群控系统，聚合了关注完美日记的群体，形成了聚集效应，形成虚拟社区，让人与人之间相互影响提高信任度和购买率。

消费者在购买完美日记的产品后，随包裹附送一张"红包卡"，刮开图层可获得特殊口令，扫码关注公众号，公众号会立刻推送一个页面，其中包含个人号二维码，添加个人号后收到一个小程序二维码，扫码并输入口令，即可领1~2元红包。由此，完美日记仅需花费1~2元成本，就可以获得一个公众号粉丝、一个个人号好友、一个群成员，从而建立一个虚拟社区，性价比实在是高。从流程上我们可以看出：建立私域流量的目的并不是用来获取新用户的，而是想办法留住已经购买过产品的老用户。保守估计，完美日记有上百个个人号，其被统一标识为"小完子"人设。按照3000人/号的标准来计算，处于"私域"的粉丝量应该在近百万级别。按照2017年中国化妆品人均260元/年的消费水平来估算，这个流量池具有每年近亿元的消费潜力。这样庞大的体量和商业价值是完美日记舍得花费成本、自行开发群控系统的重要驱动因素。

基于私域流量社区，完美日记的方向主要有两个。

首先是微信群。在第一步添加"小完子"后,用户就会收到加群的邀请,统一命名为"小完子玩美研究所"——这样就生成了数千个微信群,"小完子"从线上线下多个触点把用户拉到微信群中"强运营"。微信群以推动优惠促销活动为主,隐性目的在于去库存、收集用户终端数据等。关于"小完子"的定位,以及微信群承载的主要功能,完美日记品牌负责人解释,"小完子"是完美日记的客服团队,初心是希望能及时为用户解决售后问题或者提供教程、资讯等。我们发现,其微信群的运营实际上是围绕多个小程序来进行的。通过"小完子"这个人设,打造出高质量的美妆内容,每天发布到小程序上,然后再转发到群里,引发用户的持续关注和讨论。直播、抽奖等活动也会不断发布到群里。另外,各种用户调研、市场调研也可以在群里进行,极大地方便了产品自身的迭代优化。

其次是朋友圈。完美日记用"小完子"来统一所有的微信号,通过打造人设,让用户产生信任感。当用户首次添加微信号时,"小完子"的第一句话就是:"我真的不是机器人!"而无论是小程序还是朋友圈,"小完子"都是真人出镜,让用户看到一个有血有肉的"私人美妆顾问"。"小完子"朋友圈精心运营,一天2~3条动态,仿佛就是一个喜欢化妆的女生的日常,不但会在朋友圈中发布各种日常自拍,还有新产品发布、抽奖活动等,在很大程度上影响了用户的购买决策。

目前,"小完子"不但承担了为消费者提供完美解决方案的责任,还成为培养用户黏性、扩大销售的重要渠道。"小完子"还会在微信群售卖小米生态链素士吹风机、Cosbeauty美容仪和小奥汀的联名彩妆等。从私域流量池到平台化发展,充满未来想象。女性市场营销专家Doris,曾形容"小完子"不是简单的客服号,而是在培养"素人博主KOC",素人博主不像KOL有很大的流量,KOC像是你信任的朋友,可以影响你"买买买"。

(4)重视知识分享质量

完美日记品牌社区内知识的传播,实际上就是对内容的传播,从一开始,完美日记品牌追求的就是致力于探索人生更多的可能性和欧美的时尚趋势,鼓励年青一代的亚洲女性不被外界标签所束缚,要努力突破自己,遇见更优秀的自己；目标是希望打造互联网时代的"新欧莱雅"，帮助新时代的女性实现"享受色彩、享受生活"的愿望。这种品牌的内容定位一出来，就受到了现代女性的广泛欢迎，并且在品牌内容的打造上，完美日记一直紧抓女性消费者的心理，注重品牌理念、品牌文化的宣传，以消费者喜欢的购买方式出现，产品的功能、定位、细节等都很受消费者的欢迎。

在具体实施中，完美日记在所构建的品牌社区对知识分享质量重视源头上的把控。在完美日记的招聘广告中，"KOL 投放"要求本科及以上学历，一年以上互联网相关工作经验（广告行业、美妆行业、时尚行业和美妆相关经验）；熟悉小红书等各类新媒体渠道，了解小红书的内容模式；有较强的沟通能力，能独立解决问题；有团队意识和较强的抗压能力；有一定 MCN 机构和小红书红人资源者优先。由此可看出，这个岗位看重候选人在小红书的投放经验，意在从源头上控制分享内容的质量，在私域流量社区方面，微信号"小完子"不仅具有关键词回复、拉群等自动化流程，其背后还有真实的客服手动回复。两者结合，不仅能保证效率，还能保证知识分享的质量，甚至针对一些刁钻的问题，也能迅速给予合理的答复。各个微信号的朋友圈并不是机械的同步，而是具备一定差异化。这意味着，完美日记具备了在私域流量内进行用户分群（Segmentation）的能力，即根据用户兴趣，差异化分享知识。

6.1.4　完美日记社区营销不足之处

（1）过度营销，引起消费者反感

完美日记在 2017 年就全面布局小红书，虽然没有硬性推广，但是长期且频繁地出现在小红书的平台上，难免引起人们的反感和不满。除了小红书，完美日记还分散布局美妆爱好者喜欢浏览的平台，如微博、哔哩哔哩、抖音等。在美妆爱好者或者部分女性的眼里，完美日记的宣传无处不在。有女性曾强烈表示，打开淘宝搜索"美妆"产品都会看见完美日记。品牌过多而繁杂，涉及的产业过于广泛，使人眼花缭乱，降低了对消费者的冲击力。由此可见，过度营销只会迅速消耗掉消费者的好感度，产生负面影响。

（2）夸大效果，降低品牌诚信度

虽然完美日记在淘宝、天猫旗舰店中有特别声明——新广告法不得使用夸大宣传，其在店中已经针对在售产品的广告宣传排查整改，但是在各个平台的美妆博主帮其做推广时，都运用了夸大效果的方法进行宣传，如有博主以人格担保完美日记的气垫可以和性价比一向高的雪花秀气垫媲美，有不少美妆爱好者跟着购买使用后，出现卡粉严重以及闷痘的现象。这些夸大效果的表现，陆续被一些消费者批评，对企业的名誉和产品的口碑产生了不良影响。

（3）私域流量社区效率低

和所有社群通病一样，虽然"小完子玩美研究所"的群里有 400 多人，但是活跃用户却是寥寥无几。所以，背后的转化率会去掉多少，值得商榷。群里的运营还是以促销活动和广告轰炸为主，且活动形式单一，在某种程度上容易让用户产生疲劳，长久下去会导致用户脱粉删群，对品牌产生伤害。

（4）线下营销欠缺，情感沟通不足

新媒体环境下，完美日记的各式营销手段都集中在线上，线下多以开设旗舰店为主，消费者直接体验的机会较少。对粉丝的维系也以促销、返现的形式为主。相比之下，2006 年就建立的玛丽黛佳品牌更注重培养和消费者的情感共鸣。该品牌设立的线下无人色彩贩卖机单天销售突破 1000 支，累计触达消费者 36 万人次，在全国 1000 多家影院和 5.5 万个核心 CBD 楼宇进行广告投放；积极和各大音乐节合作，在年轻人聚集狂欢的地方设置快闪店；坚持举办一年一度的艺术展。玛丽黛佳如此多形式、饱含创意的线下传播方式，让受众更贴切地感受到品牌想要传递的理念，这是完美日记作为新兴品牌需要借鉴的地方。

6.1.5 关于虚拟社区构建的启示

（1）塑造品牌个性，获取品牌认同

企业在构建虚拟社区时，要明确品牌定位与核心用户，了解社区成员特征，塑造与社区中核心用户一致的品牌个性。完美日记在这方面做出了示范，利用满足目标用户需求的"大牌平替"、时尚创新的品牌特点吸引社区成员关注知识分享并获得社区成员的认同。科特勒认为，品牌个性是立足品牌定位所打造的个性化形象，该形象所彰显的某种价值观念或生活方式能与消费者产生共鸣并以此建立精神上的联系。企业需强化其品牌个性，赋予品牌人格魅力，将品牌个性通过虚拟社区传播给社区成员，从而社区成员也会将自我概念与品牌个性相结合。企业应该注意，在进行品牌个性的塑造和宣传时，需要在产品设计、传播推广、客户关系管理以及建立圈层文化等各方面与核心用户特征保持一致，以获得社区成员心智上的认同。

（2）加固情感联结，提高消费者介入度

社交因其天然形成的情感共鸣和关系，使消费者与产品可以实现更好的联结、企业获客成本更低、用户体验更好。企业需要根据品牌定位选取核心用户活跃的社交平台，系统性、有计划地进行布局，适时整合不同体量和类型的KOL，充分考虑媒介的特征以及KOL在不同媒介下的差异化特征等因素，根据营销目标和诉求，选择合适的媒体平台，制定适合的KOL营销策略，实现用户的精准触达。相较于广告的硬推广，年轻化消费群体更乐于接受分享推荐的方式。

企业需要构建品牌社区促成聚集互动。在各大平台流量见顶以及新的流量平台尚未到来的情况下，利用好现存市场尤其重要。建立品牌社区是实现用户留存复购转化非常有效的措施，企业通过虚拟社区进行知识分享，有助于更精准地触达消费群体。从内部而言，社区管理者要基于内部成员的自然需求以及情感诉求，加强内部联系与社区文化的建设，把握好商业性质与用户体验的关系，提高社区运营能力。从外部而言，建立良好的品牌形象，与用户产生共鸣，建立社区成员及外部用户的品牌忠诚度。

企业还需要打造品牌IP获取情感认同。通过打造品牌IP提升产品价值，塑造独特的品牌个性，建立粉丝圈从而提升用户黏性。要把握品牌核心内容，一方面通过跨界合作创造话题促进互动，另一方面深化品牌形象以获得情感共鸣来加固关系。

（3）互惠互利，价值交换增强消费者—品牌关系

价值理论指出，任何社会事物的运动与变化都是以一定的利益追求或价值追求为基本驱动力。通过满足用户参与虚拟社区的动机可以使用户对品牌形成良好的顾客体验，增强品牌与用户之间的关系联结。品牌能为用户提供

的有功能价值、情感价值、娱乐价值及社会价值。

首先,品牌通过提升功能价值为用户带来良好的感知体验。虚拟社区要提供可靠的产品属性等功能信息,以降低消费过程中选择和排查信息的机会成本,帮助用户提高购买效率。其次,情感价值和娱乐价值是用户加入品牌虚拟社区的重要动机。情感价值能够为用户带来归属感,产生积极的情感体验,增强用户对品牌理念的认同。娱乐价值能够增强用户在虚拟社区中的互动,调动社区成员的积极性。用户参与虚拟社区内部活动能够亲身感受品牌文化,品牌也应该更加重视提升用户感知产品及品牌信息的体验。最后,社会价值能够帮助用户构建自我、实现自我价值。用户在参与品牌虚拟社区的过程中也在构建自我,丰富的品牌活动为用户提供了展示自我的平台,通过群体分享获得了其他成员的认可,通过帮助他人提升自我价值,也更利于用户融入品牌社区。

(4) 培养虚拟社区意见领袖

培养虚拟社区意见领袖对于品牌社区建设是非常重要的。"意见领袖"这个词最早是 Lazarsfeld 提出的,是指在人际传播中处于优势地位能够影响他人意见的人。麦肯锡的研究表示,意见领袖带来的口碑营销和社区影响力可以创造比传统付费广告多出近两倍的销售额,以及多出 35% 的顾客保留率。社区中的意见领袖是指在人际传播网络中经常为他人提供信息,同时对他人施加影响的"活跃分子"。他们在大众传播效果的形成过程中起着重要的中介或过滤作用,由他们将信息扩散给受众,形成信息的传播。作为品牌社区的意见领袖,站在第三方的角度去输出内容,有利于提升虚拟社区的活跃度。

6.2 小米案例分析

6.2.1 小米公司简介

北京小米科技有限责任公司(以下简称"小米"),由雷军于 2010 年 4 月在北京创立。小米是一家专注于智能硬件和电子产品研发的移动互联网公司,也是一家专注于高端智能手机、互联网电视以及智能家居生态链的创新型科技公司。小米手机、MIUI、米聊是小米公司旗下三大核心业务。小米是继苹果、三星、华为之后第四家拥有手机芯片自研能力的科技公司。

2017年10月，小米公司的营业额超过千亿元，比2017年初预期设定完成营销目标的时间要更早。小米公司从零起步到千亿元营业额仅花费了短短的7年时间。2018年7月9日，小米成功在香港主板上市，成为港交所首个同股不同权的上市公司，创造了香港史上最大规模科技股IPO，以及当时历史上全球第三大科技股IPO。10月26日，小米手机提前两个月实现了年出货量突破1亿台的目标，巩固了全球手机品牌第一阵营的地位。2019年1月10日，在宣布原金立总裁卢伟冰担任小米集团副总裁、红米品牌总经理之后，小米召开发布会宣布红米Redmi品牌独立，同时推出了售价999元的红米Note 7。12月18日，小米公司在《人民日报》"中国品牌发展指数100榜单"中排第30位；当年小米手机出货量1.25亿台，全球排名第四，小米电视在中国售出1021万台，排名第一。2020年小米公司入围全球百强创新名单，AI等专利位于全球前列，2020年在《财富》世界500强排行榜列第422位。

小米的使命是，始终坚持做"感动人心、价格厚道"的好产品，让全球每个人都能享受科技带来的美好生活。"和用户交朋友，做用户心中最酷的公司"的愿景始终驱动着小米公司努力创新，不断追求极致的产品和效率，成就了一个不断缔造成长奇迹的小米。

小米的Logo为"MI"形，是Mobile Internet的缩写，代表小米是一家移动互联网公司，小米的Logo倒过来是一个"心"字，少一个点。意味着小米要让用户省一点心。另外，MI是"米"的汉语拼音，正好对应其名字。

"为发烧而生"是小米的产品概念，定位于中低端市场。"让每个人都能享受科技的乐趣"是小米公司的愿景。小米公司应用了互联网开发模式的开发产品模式，用极客精神做产品，用互联网模式省掉中间环节，致力于让全球每个人都能享用来自中国的优质科技产品。小米公司首创了利用互联网开发和改进手机的操作系统，60万名发烧友参与开发改进。官方已经推出各种附加值产品，官网出售的电视、盒子、米兔、旅行包、手机膜、耳机、帽子、男装、女装、鞋子等都得到了广大消费者的好评，为小米的成功奠定了坚实的基础。小米已经建成了全球最大消费类IoT物联网平台，连接超过1亿台智能设备，MIUI 的月活跃用户达到 2.42 亿人。小米系投资的公司接近 400 家，覆盖智能硬件、生活消费用品、教育、游戏、社交网络、文化娱乐、医疗健康、汽车交通、金融等领域。

(1) 聚焦维护目标人群与市场

精确定位受众人群，瞄准操作体验的手机发烧友群体。小米的品牌宣言是"为发烧而生"，意思是用热爱者的要求去做产品，做出让广大的消费者为之惊叹的产品，所以小米的产品在个性化用机体验和价格上的综合得分在相应市场上是相当高的。

首先，高匹配和低价格赢得关注。一般来说，智能手机的硬件成本占到总成本的 1/3，而小米却有超过 1/2 的比例。在同等级产品中，小米手机与其他手机配置相比，价格至少要比其他手机低 1000 元，换句话说，小米坚持产品理念的同时再拉低价格。这种高匹配、低价格的宣传方式本身就是一种很好的营销模式，恰巧用户的特点是喜欢技术，追求功能体验，对价格敏感。小米将超值的信息传递给用户，吸引潜在顾客。其次，善于利用市场效应。小米不仅精准定位目标客户，还通过开设论坛了解用户体验并改进，稳定参与者和消费者。2018 年网络数据显示，小米论坛平均每天有 80 万人访问，论坛注册用户突破 4000 万人，每日 20 万发帖量；2020 年小米公司新浪微博粉丝高达 1379 万人，各大平台关注人数远高于其他手机品牌。利用微博庞大的关注人群做快速的、有感染力的宣传，通过转发、点赞，获取新的用户，之后转战论坛沉淀激发已有用户的参与感，通过微信端一对一客服平台让用户有完整的体验。

(2) 营销途径多样化

第一，小米借助网络平台进行"饥饿营销"。从淘宝、京东各大网络平台的预订抢购到小米戛然而止的停售，吊足了消费者的胃口，除了来自消费者的抱怨，更多的消费者为抢不到小米手机而感到遗憾，前有微博、微信、微电影的花式宣传，中有创始人雷军主持的新品发布会的科技渲染，后有强大的技术支持和资金保障，小米营销模式再次升级。

第二，广告植入打开销售通道。以往，人们被传统的营销方式所灌输，比如在观影中间插播广告,在网页上弹出广告窗口等,极大地影响了观众的情绪。之后,新的营销模式替代了传统的营销方式,比如电视剧里主角喝的矿泉水,演员穿戴的衣服饰品,无意间出现在剧情里,让客户不知不觉中去接受商家想要传达的信息,这种模式一开始见效甚微,但是持续下去便会有效果。小米在宣传上利用了这种广告宣传,在热播的电视剧《安家》中,小米成为背后大赢家,剧中演员清一色使用小米手机,演员罗晋在剧中使用的是小米9,王自健使用的是小米MIX3。当然,这不是小米第一次赞助电视剧,在之前大火的电视剧《都挺好》中,也有小米的身影。这一系列行为将原本辨识度就不低的小米产品再次推向销售高点。

第三,自身产品交互影响。近些年,小米不仅涉及各类硬件设备的制造、软件研发、销售、进出口,还进军娱乐、文化传播、广告、教育咨询等领域。从小米手机到小米生态,小米周边部分收入在2012年达到6亿元;2016年,销售额为150亿元;截至2017年4月,小米已经投资了77家智能硬件生态链公司,产品包括智能可穿戴设备、净水器、空气净化器等新兴智能家居。2019年12月24日,小米微博宣布,截至目前,小米线下终端数量已超过6000个。小米生态链全面展开,加上简约的设计理念,越来越多的顾客愿意尝试其产品,小米营销形成良性循环,从另一层面增强客户黏性,维系客户。

(3)营销品牌与口碑强化

企业不仅要向用户推广产品,更主要的是建立情感驱动、建立长期联系,以此创造长期价值,延长品牌寿命。一个没有品牌加持的产品,消费者只会为了购买而购买,而企业的利润只能比性价比略差一些的竞争对手略高,一个拥有良好口碑的品牌产品,消费者会与其产生情感共鸣,心甘情愿支付额外的费用,从情感上和用户建立联系,创造新的价值,才是品牌永恒的真理。

第一,注重品牌营销。小米在传统营销层面没有占领先机,而是借助互联网这一巨大平台,将"粉丝"营销、"饥饿营销"、新媒体营销推向极致,其中最重要的是小米善于维系与用户之间的情感。"天生为热"的口号迅速在互联网上聚集了大量的"米粉",已经成为一种强大的口碑营销,在网络上产生巨大影响,而这一切,来自小米推崇的"参与感",小米模式实行先有粉丝，再有产品的经营思路。

第二，继续强化口碑。核心团队自创业以来，一直致力于全心全意为消费者提供更好的体验，小米表示会真心实意地与消费者做朋友，这样的理念让小米获得了众多的忠实用户，日益提高的质量带来了良好的口碑，有利于快速实现市场拓展，并且能够更加集中精力研发更新产品，提高服务品质，由此又会给产品带来更好的口碑，这样的良性循环也使企业发展如虎添翼。

6.2.2 小米品牌社区创建

小米品牌的虚拟社区以小米社区、小米微博、微信、QQ 空间和抖音为主要载体，为用户提供产品最新动态，并从中了解用户的需求，根据用户的需求来确定新的小米产品该往哪个方向研发。小米品牌虚拟社区建立了微博、微信等交流平台，用户在产品使用过程中，不管出现什么问题，都可以在第一时间通过微博、微信、客服等渠道与小米官方沟通；另外，小米还提供了在线报修、服务进度查询等"一站式"便利服务，这些服务使小米用户在足不出户的情况下就能够解决产品购买、使用过程中出现的问题。

在知识分享上，微博、抖音和 QQ 空间都有很强的社会化媒体属性，传播的方式是一对多，适合做事件传播，而微信是基于通讯录的好友关系，传播的方式是一对一，适合做客服平台。起初，小米与消费者进行交流的互联网平台只有 QQ 空间，但是这样的交流方式存在一些弊端，比如，手机用户无法与小米客服及时地进行沟通，小米客服也无法及时回应消费者的需求。所以，小米公司自主创建了服务平台——MIUI 论坛。随后，越来越多的"米粉"登录 MIUI 论坛展开热烈的交流与讨论，并给小米公司提出宝贵意见，使 MIOI 论坛成为小米公司与消费者最及时的交流互动平台。在用户关系上，用户关系越弱，品牌的信任传递就越慢，口碑扩散的效果就会越差，有深度的内容，用户分享的信息、图片、文字，通过微博、抖音和 QQ 空间扩散出去。微信是"强关系"，QQ 空间和论坛用户关系较弱，之后是抖音、微博。尤其是对很多微博大 V 来说，99% 的用户都是"弱关系"，就是说对这些用户没有影响力。小米品牌利用社会化媒体创建虚拟社区就是结合自身产品的特点来做的。

(1) 小米社区

小米公司创建了专属的小米社区，用户可以在社区中互相沟通和分享彼此的产品使用经验，在使用过程中出现问题也可以求助其他用户。在小米社区中，社区成员的登录方式通常是小米账号，而小米账号与其使用的小米产品相关联。小米账号作为社区成员的准入门槛，在一定程度上筛选了与品牌无关的人。对小米认同的用户可以通过账号直接进入小米社区，成为"米粉"的一员。这些"米粉"在社区中的互动行为和内容都与品牌相关。

小米社区有"广场""福利""关注""我的"四大版块。

"广场"版块包括"推荐""圈子""榜单""MIUI""智能""游戏"六部分。米粉可以在"推荐"部分看到大家分享的各种动态；可以关注自己感兴趣的圈子如"MIUI 系统""小米 10 至尊纪念版""米粉杂谈"，在圈子里大家可以讨论一些问题、发表相关建议；在"榜单"部分可以看到"本周全站优秀创作者"，以及"综合""热评""最赞"排行；在"MIUI"部分可以申请内测、查看更新内容、发表建议与反馈意见；在"智能"部分可以参与新品讨论、查看热门产品榜以及关于产品的热门讨论榜；在"游戏"部分可以讨论王者荣耀、英雄联盟等。

"福利"版块，使"米粉"在小米社区享受针对米粉推出的产品福利。

在"关注"版块，可以关注小米官方以及"米粉"大佬，了解小米相关信息。

在"我的"版块里，有"我的数据"记录账号使用天数、手机使用情况如下载 App 数量、装扮手机次数，还有勋章、金币、拔萝卜等活动内容，记录"米粉"的成长。

小米社区成功将用户与小米产品的开发、使用、完善、升级等各个环节结合起来，促使用户参与到小米产品的发展过程中来，增加了用户的使用体验和对品牌的忠诚度，也为小米产品的营销起到了积极作用。

(2) 微博

微博拥有众多客户，而且多是年轻群体。因此，微博是小米手机创建品牌虚拟社区的一个主要平台。截至 2020 年 3 月，小米公司官方微博的粉丝数量已达 1375 万人，发布微博数量 17000 多条。小米公司的微博内容主要是其产品官微的转发、有奖转发活动、新产品的宣传等，其微博平均每条的转发量在 80 条左右，而评论的数量也是在 100 条左右。截至 2020 年 3 月，小米手机官方微博的粉丝数量已达 2862 万人，发布微博数量 20059 条。小米手机官方微博注重与粉丝的沟通交流，耐心解答粉丝的疑问，这一行为有效地促进了与粉丝之间的感情。同时，官方微博经常发布一些话题活动，不仅提高了粉丝的参与度，而且加深了粉丝对品牌的印象。小米创始人雷军的微博粉丝高达 2284 万人，发布微博数量 11043 条。相较之下，雷军的微博拥有更高的人气。其置顶微博主打小米 10 的性能介绍，此条微博短时间内点赞人数达 3.3 万人，转发次数达 2181 次，评论数量也达 9877 条。

在实践过程中，小米公司谨慎地发布各种消息，旨在将其官方微博作为官方发布消息的平台。同时，小米在微博发布消息的时候，认真听取粉丝的意见，让粉丝获得亲切感，而不是采用居高临下的姿态对待粉丝。在微博平台上，小米公司采取积极主动的态度，提升了粉丝对其好感度。总的来说，选择自媒体平台进行营销，能够和消费者搭建起有效的沟通方式，还能大大提升品牌的形象。如小米手机主要通过微博账号分享关于最新手机的信息、手机系统更新的信息及手机性能的介绍等知识。一方面，帮助用户进一步了解小米手机的性能、优势，实现一定的营销效果；另一方面，可以通过微博账号开展各种活动，如抽奖、转发等，以少量产品吸引广大社区成员大量转发。这个过程推动了小米品牌的推广和宣传，达到了良好的知识传播效果，也赢得了大量微博粉丝，为小米手机的销售提供了广大的客户群。

（3）微信

2012 年 4 月，微信开通了公众号。微信公众号自开通以来，在短时间内取得了显著发展，并逐渐成为人们日常生活的一个重要组成部分。小米公司利用微信公众号为用户提供相关的咨询服务，能实现即时、高效、便捷的效率，有效满足了用户对手机的咨询要求。另外，这个过程也促使小米进行自主科技研发，利用消费者关键词为其进行精准匹配，然后为用户提供对应的咨询服务，帮助用户解答相关的问题，促使用户获得更好的使用体验。

(4) QQ 空间

小米意识到了 QQ 空间所包含的广大用户空间，与 QQ 空间进行了紧密合作，利用签到红包和信息流广告对公司产品进行推广。其中，签到红包只需要用户在 QQ 空间界面点击并发表相关的内容，就可以得到 QQ 空间的私信，从而促使用户参与到小米产品的销售过程中。而信息流广告则是根据用户个人的兴趣爱好进行广告推送，为用户推送其可能感兴趣的内容，帮助用户了解和掌握相关信息内容，从而增加用户对相关产品的了解。小米利用 QQ 空间进行信息流推送，是将广告转化为推进手机品牌发展的一个关键措施。

(5) 抖音

2016 年 9 月，抖音应用程序应运而生。这是一款运用音乐短视频进行社交的软件。抖音用户可选择歌曲并进行 15 秒的录制，还能添加快镜头与慢镜头，使用一系列滤镜来制作自己的作品。2017 年，抖音应用程序飞速发展。在春节期间的苹果应用程序下载排行榜中，抖音 App 的下载量超过了快手 App，列同类型 App 的第一名。小米在抖音创建品牌虚拟社区，利用抖音平台及其广大用户群进一步推广了小米手机的品牌，使更多人认识到小米手机及其特点和优势，达到了良好的市场营销效果。小米手机的抖音粉丝已突破 340 万人，获得了 1100 万次的点赞量，通过"小米手机"参与的话题量有 3955 万个。

6.2.3 小米社区知识分享特点

(1) 知识分享被有效接收利用

小米社区内知识分享的接收者包括"米粉"，也包括小米工程师。"米粉"通过不同平台的虚拟社区获取相关信息。例如，通过小米论坛交流体验与需求、借助微博参与话题并了解品牌、使用微信平台解决相关问题、通过 QQ 空间获取感兴趣的内容、关注抖音了解产品最新消息等。我们可以感受到，社区用户一方面是信息的接收者，另一方面是信息的传递者，两者的边界变得越来越模糊。对于企业发布的关于产品的消息，社区成员利用彼此之间的关系进行分享传递，与其他成员发生互动的同时增加了黏性，在用户与企业之间和用户与用户之间建立了紧密的联系。

除了"米粉",小米工程师也是社区内接受知识分享的重要角色。小米每周五发布一个开发版的更新,"橙色星期五"其实是一种产品迭代的方式,但是和我们一般常见的产品迭代方式又不太一样,在这个产品的迭代过程中,用户是一直参与其中的,可谓是用户、小米产品经理、小米工程师的零距离接触。一般的企业,都是产品经理负责面对用户,挖掘、收集用户需求,然后做产品方案,进行产品迭代。而工程师是不对外的,用户是感知不到工程师的存在的。但是小米公司有规定,工程师必须每天在 MIUI 论坛上"泡"1个小时。工程师"泡"论坛的行为对于用户和工程师来说都是一种激励。对工程师来说,如果工程师不面对客户,就会经常出现工程师和产品经理的意见不合。同时,工程师没有成就感,他不知道自己研发的产品在市场上的占有率。而一旦工程师面对客户,他就会及时修复 Bug,重视客户需求。同时,工程师对每一个版本都会有一种成就感,因为他们看得到自己研发的产品有多少用户深度地参与其中。对于用户来说,一般企业用户都只能和客服,或者销售人员接触,而小米手机用户可以和研发自己所用产品的工程师接触。他们可以直接向工程师提意见,反馈问题。这对于向客服反馈问题来说,提升的不仅仅是效率,更是参与感和忠诚度。

(2) 不同类型适应不同平台

不同平台上建立的虚拟社区其成员有着不同的特点,加之不同平台自身的传播特点,使这些虚拟社区有着不同形式的知识分享。

小米公司为小米用户专门建立的"小米社区",更多的是用户与用户之间的知识分享。在小米社区的"广场"版块,"米粉"可以看到大家分享的各种动态,能在圈子里讨论产品使用过程中的问题、发表相关建议,还可以看到热评排行、发表反馈、参与新品讨论等。

其他几个平台的虚拟社区更多的是以公司发布相关知识为主,社区成员参与讨论形成知识分享为辅。小米公司善于借助不同平台的特点进行自己的知识传播,并带动社区成员参与接收相关知识分享。小米充分利用微博、微信、QQ 空间、抖音等不同平台,建立起了"多版本"的社区。小米的核心用户就是发烧友,通过自有论坛进行专题式、比较有深度的内容传播;与新浪微博合作开展话题营销，实现广度上的传播；由于QQ空间的用户与红米的用户重合度很高，因而小米手机选择QQ空间进行新产品发布等。具体实践如下。

微博平台具有多重特殊的性质，比如，即时性、互动性与"零距离"接触等，因此，如果在微博平台上出现了对公司不利的信息或者是消费者的不良使用体验，那么也会以极快的速度进行传播，进而降低消费者对公司的信任感。所以，小米公司不断地提升与完善自己微博的专业化水准。在微博平台上，常常发布各种吸引目标消费者关注的信息，同时采取转发、抽奖的形式来寻找大量的潜在消费者群体。小米公司还对微博用户进行了深入的调查与研究，发现微博使用者大多数想在微博获取一些休闲娱乐的消息，因此，小米公司在微博发布的消息尽可能地将语言变得更加生动有趣，进而吸引更多的微博使用者关注，这样的做法不但让更多的人知道并了解了小米品牌，也有效地提升了小米品牌的形象。

微信是个人的隐私平台，如果推送消息太频繁，就很可能对消费者造成困扰。在微信会员突破10万人次之后，小米公司每周推送的消息不超过2条，每当举办会员活动时，小米公司会采取社会化媒体的形式进行传播，小米公司考虑到了微信是个人的隐私平台，其做法让社区成员真实地感受到了亲切与温暖。

QQ空间是QQ用户经常关注的地方，小米手机在QQ空间采用"信息流广告"的方式，也就是Feeds广告，其已经被广泛地运用到Facebook上，主要内容是对用户行为与喜好进行研究与分析，之后推荐给用户可能感兴趣的广告，这样的方式能够深入用户的心理，让广告不再是干扰，而是对他们有用的资讯。小米和QQ空间的合作让小米公司与社交联系在一起。在小米公司发布红米Note的时候，设置了三大模块，分别是预热（猜价格）、预约（签到、集赞）和抢购，三者紧密地联系在一起。就拿集赞来说，需要用户在QQ空间发布一条说说，集齐3个赞，获得抽取3次预约机会。这让小米公司在我国产生了极大的影响，越来越多的人参与了活动，据统计，超过1亿的用户参与了这次活动。

在抖音，小米主要是利用短视频介绍小米手机的玩法，通过视觉上的冲击力，让消费者用最直观的感觉捕获小米手机的各类使用技巧。2019年1月10日，小米手机发布了红米Redmi系列红米Note7，公司内部代号"小金刚"。通过在抖音发布短视频，用冰桶冷冻手机、用脚踩手机、用手机砸核桃、敲打测试等一系列性能测试，2.1亿次的播放量，让"小金刚，品质杠杠的"的产品信息深入人心。红米Note7也的确是目前已经有的、性价比较高的千元机机型之一。红米Note7在小米商城开售后，虽然备货百万台，但仅8分钟就卖断货了。小米在2020年9月17—23日，每天以直播5小时的频率，在抖音开启了高频直播。据卡思数据观察，小米连续7日直播，销量达11.2万台，销售额则突破了7500万元，而且，在没有"头部"KOL、明星流量光环的加持下，做到了平均峰值人数近4000人的成绩。在直播过程中，小米会进行抽奖活动，用参与抽奖的方式去账号发布的置顶视频中进行回复。通过视频为直播间引流，再通过直播间为视频"加热"，以此来加速粉丝沉淀。

与此同时，小米每天直播的主题也不一样，例如：2020年9月17日为"小米换季扫除日"；18日为"小米户外出行日"；19日为"小米周六宠粉日"；20日为"小米影音娱乐日"；21日为"小米家居好物日"。直播主题不同，主推的产品也就不同，引流到直播间的用户属性也会不同。在销量之外，直播不仅传达了小米生态的理念，还会通过产品影响到3C数码外的用户群体。

通过在虚拟社区的努力，小米成功站稳了脚跟，在公众视野中出现的频率颇高，也为后期品牌传播奠定了基础。运用虚拟社区的知识分享，小米实现了品牌形象与信息的迅速传播，赢得了广大消费者的关注，也给其他品牌的传播方式提供了榜样。

小米在多个社会化媒体有众多粉丝，他们很多人对电子科技也有一定的研究，能够给小米公司提供很多宝贵的建议；小米微博粉丝中部分小米的忠实顾客，不仅积极地关注小米产品的最新消息，也会促进小米信息的传播，但是更多的属于围观粉丝，仅仅是由于想要了解互联网行业或者是想要通过微博活动获得奖品。

从消费者和品牌的互动程度来看，小米社区中精华帖数量很多，高达几十万条，能够吸引越来越多的专业爱好者共同交流与探讨；而与其他的同行业品牌微博相比，小米的微博转发数量和评论数量的互动率位列第一，特别是有关抽奖活动的微博，互动率极高。例如，2018年12月15日，雷军在微博通过微博抽奖平台，赠送一台蔚来ES6轿车给粉丝，并且"关注+转发"此条微博后，再抽送10台小米MIX3，在极短时间内，就出现了17万条网友的评论，93万次的转发数量，属于智能品牌行业中互动频率相当高的微博。按照大众媒体所提供的阅读量来看，小米手机在社会化媒体发布话题热度极高，以今日头条为例，小米8的话题阅读量高达21亿次，有52.8万名读者参与了讨论。其中，"小米上市"和"小米MIX3"的阅读量都高达6亿次。

6.2.4 小米价值共创过程

小米为一个创业平台。创业平台、创业者与消费者价值共创过程模型可分为"价值共识—价值共享—价值共生—价值共赢"四个阶段：创业平台、创业者与消费者通过"交流"促进"资源识别"，实现"价值共识"；通过"交换"形成"资源获取"，实现"价值共享"；通过"交互"构成"资源利用"，实现"价值共生"；通过"交融"达成"资源转化"，实现"价值共赢"。

（1）价值共识

交流（Communicating）：互动的第一阶段，指的是基于自身持有的价值观、方法论、使命愿景，进行多方信息沟通的过程。具体包括三点。一是价值观吸引。小米创始人雷军一直对外强调其价值观，即"真诚和热爱"。小米价值观吸引了价值观一致的创业者，万魔耳机公司总裁谢冠宏表示："我们一直赞同雷总强调的小米价值观，我们一定会坚持高品质、低毛利的要求，用最少关节和最高效率，提供给消费者买得起的高品质产品。"同时，小米与小米生态链的价值观也吸引了消费者。在小米布局生态链之前，前期小米手机的热销已经积累了大量与小米价值观一致的小米品牌粉丝即"米粉"，他们大多是17~35岁的理工男，活跃用户高达1.8亿~2.0亿人。二是方法论复制。通过交流，创业者感受到了小米创业平台与其他创投的显著差异，小米创业平台不只是资金的提供方更是优质产品的价值共创者。Yeelight 创始人姜兆宁说道："与其他投资人谈钱、谈估值、谈股份不同的是，小米关注的是产品本身，小米对产品技术、功能、数据、趋势更感兴趣。"创业者和小米方法论达成一致是高效利用小米资源的前提，也是合作达成的必要条件。三是使命愿景一致。小米用户表示："我们赞同小米平台的创业使命'让每个人都能享受科技的乐趣'，小米也做到了，以亲民的价格为我们提供了足够优秀的产品。"雷军在 2017 年企业年会上表示，从诞生之日起小米就怀着一颗成为伟大公司的梦想，相比追求利润，小米选择追求产品体验；相比渠道层层加价，小米选择靠真材实料定价、厚道赢得人心。

资源识别（Resource Identification）：企业基于资源禀赋，对创业资源分析、确认、确定的过程。具体包括三点。一是创业平台资源识别。创业者在初期常常面临着资源缺乏的困境，比如 Yeelight，由于生产规模小，产品质量难以保证；由于缺乏硬件经验，品控问题频出；团队成员是技术出身，企业管理能力缺乏，硬件创业之路异常艰难。而小米创业平台资源的提供可破解初创企业资源匮乏的难题。二是创业者资源识别。小米创业平台识别了创业者所需的创业资源，小米创业平台意识到自身可借助"投资+孵化"的方式获得优秀创业者资源，创业者参与能助力小米创业平台以最快的速度布局物联网市场。三是消费者资源识别。消费者的参与是前期小米手机口碑与销量实现的保证，以此为基础，小米和创业者明确了生态链计划中消费者资源的重要性，包括消费者资源中的人力资源、关系资源和经济资源等。价值共识阶段，创业平台为创业者与消费者搭建了初步交流平台，创业平台作为中间交流枢纽有效连接了双方，通过价值观、方法论、使命愿景吸引了同质创业者与消费者。创业平台、创业者与消费者的交流为三方的资源识别奠定了基础，创业平台资源、创业者资源与消费者资源分别得到识别，构成了价值共创的初始阶段价值共识。

（2）价值共享

交换（Exchanging）：互动的第二阶段，指的是基于自身拥有的资源，主体间利用各种方式进行资源分享的过程。具体包括三点。一是供应链资源提供。小米创业平台在前期手机开发阶段成功打通了产品供应链，在生态链公司研发产品过程中，小米发挥自身产业整合的能力，以小米创业平台的高信誉为生态链公司提供了供应链背书，最大限度降低了产品的开发成本。二是品牌资源开放。小米对创业者中符合小米品牌要求，通过内测的产品，开放了"米家"和"小米"两种品牌。其中，对以智能家居、消费类硬件为主和以做"生活中的艺术品"为方向的产品开放"米家"品牌；对科技类、极客类相关的产品开放"小米"品牌。三是渠道资源链接。小米创业平台对生态链中获准使用"米家"和"小米"品牌的产品，开放了四大渠道，包括 PC 端的小米网，App 上的"小米商城"和"米家商城"，还有线下店面"小米之家"。在顶尖的电商平台中，小米电商在全球排名前十，小米电商拥有品类少，销售额却极高的自有品牌产品，其产品的消费者关注度远高于其他电商平台，小米创业平台为生态链平台提供了高流量、高关注度的销售渠道。

资源获取（Eesource Acquisition）：指在识别资源的基础上，获得创业资源的过程。新企业的创建、成长和扩张离不开资源，新企业最终实现价值创造的必要条件是获得和占有重要资源。具体包括两点。一是资源线上获取。畅通的渠道为消费者的资源获取提供了可能，消费者资源的获取主要通过互联网链接，比如创业者华米科技，开通了华米官方微博、小米社区华米分区、小米手环贴吧等渠道，小米创业平台及创业者获得了消费者资源中的人力资源、关系资源、经济资源和心理资源等。二是资源线下获取。创业者所需的资源将通过小米创业平台指定部门连接，创业平台由超过 200 人组成，包括 ID 设计、集中采购、品质控制、智能家庭等支撑部门和投资角色，分别负责不同类型资源需求沟通工作。价值共享阶段，创业平台仍旧占据核心主动地位，创业平台依据线上渠道获取消费者资源，利用线下渠道获得消费者资源。为获取创业者资源，创业平台开放了供应链、品牌以及渠道资源予以交换。由此，创业平台、创业者与消费者的资源完成了畅通连接，构成了价值共创的第二阶段价值共享。

（3）价值共生

交互（Interacting）：互动的第三阶段，指的是在资源交换完成后，参与对象进行的高强度、高频率的价值创造过程。具体包括三点。一是新产品开发。新产品开发的过程是新产品项目从概念到实现市场销售的过程，包括产品的构思、设计、测试、投产等环节。新产品由小米创业平台、创业者与消费者进行交互式共同开发。以 Yeelight 产品为例，小米创业平台设计总监李宁宁负责产品设计，小米创业平台产品规划总监孙鹏帮助定义产品，小米创业平台为 Yeelight 打通供应链，Yeelight 团队则专注于产品研发，消费者通过小米新品公测平台——酷玩帮负责参与公测、使用、评测、反馈等环节，完善即将投放市场的小米产品。二是产品营销。产品开发完成后，产品在小米发布会进行线下推广传播，并同步在小米各大销售门户网站、App 进行线上销售。同时，由于高性价比的小米米家产品在消费者中建立了良好的口碑，消费者自发加入了产品营销的队伍，向身边的人推荐小米米家产品，免费为小米生态链做广告和推广。三是机制设计。有效的机制是持续性价值创造的前提，而机制设计体现在小米创业平台对创业者的投资机制和消费者的互动机制两方面。一方面，小米创业平台和创业者的关系要求是始终入资不控股，由创业团队把控公司的主要方向，充分调动了创业者的积极性；另一方面，小米创业平台重视消费者互动机制，消费者通过互联网发布的产品完善建议能够被合理采纳。

资源利用（Resource Utilization）：企业利用获取的资源，发挥资源与能力进行价值创造的过程。具体包括两点。一是现有资源使用。小米创业平台构建资源平台，使创业者充分利用现有资源，比如小米创业平台供应团队负责了 89 家创业者材料的集中采购，帮助创业者获得供应商资源的最低价格，提高产品利润；国际分销团队负责掌握不同国家的法律、消费特征，帮助创业者统一扩展国际市场，提高销售效率。二是新建资源应用。除了已有资源，小米创业平台搭建新资源库，比如 2016 年米筹金股上线，小米与新希望集团成立的银行开始运行，解决了创业者资金短缺的问题；在小米众筹 App 开放米家产品众筹界面，帮助创业者预测产品前景和提供消费者反馈信息。价值共生阶段，创业者与消费者不再是被动参与者。创业平台、创业者与消费者同时作为交互主体，紧密参与新产品开发、产品营销、机制设计环节，进行了高强度、高频率的价值创造,有效利用了现有资源与新建资源,构成了价值共创的第三阶段价值共生。

(4) 价值共赢

交融(Blending):互动的最后阶段,指的是各主体实现交会融合的过程,在此阶段主体间互为利益共同体、事业共同体和命运共同体。具体包括三点。一是利益共同体。小米创业平台和小米生态链互为利益共同体,创业者新品的陆续研发完成,使小米整体保持了高速增长,小米生态链企业也获得了巨额收入。比如,小米米家产品销售额在 2015 年实现了同比 2.2 倍的增长,不仅提高了小米产品市场占有率,还为创业企业的后续发展奠定了坚实的基础。同时,企业与消费者也互为利益共同体,体现在消费者日常产品的选择上,比如小米用户表示,"小米的产品价格低质量又好,满足我日常生活的需要,是我购物的首选"。小米的产品满足了消费者的日常生活需要,消费者的购买行为也为小米带来了经济利益。二是事业共同体。由于抢占市场和生存的需要,小米创业平台和创业者互为事业共同体。创业者参与小米创业平台的战略布局,帮助小米创业平台进入新领域;小米创业平台又通过开放资源平台,帮助创业者迅速成长。同时,企业与消费者互为事业共同体,体现在消费者职业的选择上,优质产品吸引"米粉"成为专业的小米产品推销员,他们以售卖小米产品和传播价值观为事业,是"小米军团"的隐形销售队伍,与公司同为事业共同体,"我是铁杆米粉,我不仅自己买小米产品,还以卖小米产品为生,小米的东西好价格便宜,不愁没人买"。三是命运共同体。小米创业平台和创业者互为命运共同体。部分创业者后期发布了自有品牌,如 1 MORE 推出了旗舰三单元圈铁耳机,华米针对高端市场推出了 Amazfit 手环,紫米推出了自有品牌的移动电源等。小米赞同创业者的尝试和扩张,小米创业平台负责人刘德表示:"我们对创业者持开放态度,因为无论是做成功的小米品牌产品抑或是做大独立品牌,小米都是受益者。"同时,企业与消费者也互为命运共同体,体现在两者高度认同的信赖关系上。针对互联网平台中的小米负面新闻,小米用户自发对负面消息进行澄清,这种现象在网络中被称为"小米自来水"。"我离不开小米,我讨厌别人抹黑小米,如果有人在网上恶意散播小米负面消息，我一定会反驳他。"

资源转化（Resource Transformation）：是指在资源充分利用的基础上，主体之间资源相互转化实现协同的过程。具体包括两点。一是资源激活。创业者之间的资源得到有效激活，比如，Yeelight 公司智能灯泡的升级借助于华米公司的手环智能系统；纳恩博平衡车等其他生态链兄弟公司的电池业务来自紫米公司的支持；绿米联创的智能家居控制器增加了 Yeelight 遥控开灯按钮等，创业者资源得到激活并实现协同转化。二是资源反哺。创业者为小米创业平台聚集了客户资源和品牌热度。2016 年统计结果显示，米家产品使用者中只有 1/3 是小米手机消费者，米家产品的成功吸引了其他品牌手机消费者，同时，米家产品的消费者帮助小米消费者群完成了升级过程；米家产品的研发成功使小米整体上保持了高速增长，制造了市场热点，保持了小米的品牌热度。

价值共赢阶段，经过价值共识、价值共享、价值共生等步骤，创业平台、创业者与消费者已实现交会融合，三者互为利益共同体、事业共同体和命运共同体。创业平台、创业者与消费者资源不仅得到有效利用，更实现了协同转化与反哺，构成了价值共创的最后阶段价值共赢。

6.2.5　小米社区营销不足

（1）粉丝质量不高

众所周知，小米在初期就获得众多的"米粉"，这些"米粉"在一定程度上促成了现在的小米。众多企业羡慕小米拥有如此庞大的粉丝数量，殊不知，在这个巨大的粉丝群体中，也存在不少的问题隐患。

虽然雷军在小米初期利用"雷布斯"等事件宣传并吸引了大众关注，但是实际上更多的是看客。一些普通观众在注意到了这个模仿乔布斯的人后，会对其下一步的行为产生兴趣。然而真正到产品宣传时，大家也是抱着看热闹的态度。待趋势一散，真正留下来的其实只有一部分科技产品爱好者与真心喜欢热爱小米的粉丝，更多的是虚假看官而已。相比雷军拥有的数千万粉丝，真正进行评论互动的仅有几千粉丝。

（2）用户参与度不高，大多数为沉默用户

小米社区中一些用户发帖的回复量不高，用户体验极差。首先，企业与用户之间的沟通交流较少，用户发现问题后，在社区内发帖询问该类问题，但是企业不能对这类问题及时地做出回复，导致用户体验极差，并影响用户心中企业与品牌的形象，对于顾客关系的维护有着很大的弊端。其次，用户与用户之间的交流很少，在社区内，大多数的用户处于不发声的状态，只是充当一个旁观者，企业很难收集所需信息，也很难了解到这类用户的想法与需求，关于产品研发就很难确定方向。

小米社区中沉默用户占大多数，不发帖、不回复，持观望态度。这种用户参与度不高，企业很难与其建立联系，并实现信息与其他价值的相互交换。

（3）用户细分程度不足，无法精准把握顾客需求

小米社区虽有对部分用户群进行细分，但总体来看细分程度不足，一些个性化的需求没有被满足。"因为米粉，所以小米"是小米社区的口号，从小米社区的口号中就可以看出，小米是将用户需求放在首位的。在小米的虚拟社区内，用户被鼓励说出自己对于产品的各方面的意见并提出自己的想法，为小米提供产品新的创意点。小米企业通过这种方式来获取有关用户建议的第一手资料，并通过这些资料来掌握用户的需求，不断优化产品功能和用户体验。但是，因为小米社区内用户人数众多，企业对小米社区内的众多用户群体没有进行很好的细分，以至于无法精准把握顾客需求，很多用户的需求并没有被满足。

（4）信息杂多，不利于寻找所需信息

在社区内，因为对每个用户所发的信息种类没有限制，企业也会在社区内发布各种信息，所以导致社区内信息杂多，不仅包括有用的信息，也包括很多过时的、无用的信息，所以给用户找寻自己所需信息带来了极大的不便，用户无法快速、准确地找到自己所需要的信息，既增加了顾客的时间成本也浪费了顾客的精力。

6.2.6 虚拟品牌社区的营销建议

（1）提高粉丝质量

在小米成千上万的粉丝中，许多不是"粉丝"，而是购买手机的普通客户。如何增加这些人的潜在价值是一个需要考虑的问题。对于普通粉丝来说，应该有一种直接的方法来引起人们对小米产品的兴趣。不仅是粉丝的头衔，

还应该是真正的"热情"粉丝。

首先,粉丝喜欢"有感情"的知识分享。企业不应使用冷淡的知识分享模式,而是要向社区成员传递友好的情感和思想,具有自己的特征和个人见解,让受众感受到,企业不是为了宣传而分享知识,而是为了满足粉丝的需求,为了解决粉丝的困难。无形之中又获得了粉丝好评。

其次,粉丝喜欢在社区内进行"交流"。企业需要动脑筋寻找吸引粉丝的方法,定期发布知识分享,更新知识分享内容,与粉丝快速互动并分享交流想法,让现有粉丝得到满足的同时,获得新粉丝。另外,应该提供让粉丝交流互动的机会,引导粉丝交流互动。

最后,企业要定好目标粉丝。粉丝不怕多,但是,如果是"僵尸粉"而不是高品质粉丝,那么不要也罢。粉丝质量对公司而言至关重要,因为这些优质粉丝会为公司带来最终商业价值。因此,在定义目标粉丝时,公司不应过度扩展目标群体,赢得优质粉丝才是最重要的。

(2)加强用户细分,了解用户需求

小米社区"长尾效应"明显,位于"头"部的大多数需求很容易被企业关注到,位于"尾"部的需求则容易被忽视。而一个企业的发展与每一个用户的需求都息息相关,所以小米社区应把用户细分到更加具体的部分,以此来了解并满足每个用户的不同需求。而且,只有了解每个用户的需求,才能"对症下药",让用户自己主动参与进来,也让沉默用户不再沉默。

(3)及时更新信息,清理过时资源

社区内的信息对于用户了解产品至关重要,但因为社区对于发言没有限制,所以也就导致信息杂且多,不利于用户查找信息。社区内应建立信息维护系统,及时更新当下用户所需的信息,清除一些过时、无用信息,并将信息按所针对问题进行分类,为用户查询信息提供便利,也为用户查询信息节省时间成本和精力成本。

(4)加强线上线下互动,提高用户参与度

在线上,小米虚拟社区的官方运营团队应积极引导相关话题的讨论,促进用户之间的互动与联系,提高社区活跃度。利用群体的影响力以及口碑传播，提升消费者品牌关系质量。企业应及时回复用户提出的相关问题，优化用户体验，让用户感觉到自己是被重视的。此外，小米企业要多举办线下活动，鼓励用户参与，增加用户与企业、用户与用户之间的熟悉度，只有彼此达到了一定的熟悉程度，才会畅所欲言，勇于提出自己的看法。

当用户的参与度提高后，用户发言增加，小米企业就能够及时收集来自用户的一手资料，根据用户的建议不断改进产品，给用户带来更好的品牌体验。其中，顾客满意是提高顾客对品牌忠诚的前提，小米通过互动与用户共同创造产品价值来提高顾客满意度，进而形成品牌忠诚。

6.2.7 关于虚拟社区管理的启示

（1）简单清晰的虚拟社区参与引导

正如绝大部分产品在上线时，都会进行新手引导，其目的就是提示用户如何进行操作，降低用户的学习成本，帮助用户快速上手。同样地，企业在创建品牌虚拟社区时，也应该考虑到如何引导新手社区成员参与到品牌虚拟社区的互动中去。对于品牌虚拟社区的参与引导主要体现在两个环节上。一是新手教学式视频引导，这种引导方式可以结合品牌社区的不同参与情境，分门别类地引导社区成员一步步进行操作，通过模拟真实的操作情况，鼓励消费者参与其中，边学边用。用这种方式使新手成员快速沉浸其中，短时间内感知虚拟社区参与步骤以及参与行为。因为有及时的操作反馈，新手成员能够获得强烈的成就感，这种成就感会调动成员的参与积极性。二是在新的功能与服务迭代时，引导品牌虚拟社区成员对新功能的理解，这时就要做到尽可能的克制。在品牌虚拟社区平台功能做到自解释的基础上，应该依据用户行为操作的上下层语义，以及用户行为预判可能遇到的问题和需要尝试的新功能，及时给予提示。很多时候用户在没有感知到这个功能和自己当前目标有关联之前是不会主动在设置中查看新功能引导的，所以找准消费者行为参与的锚点，把握引导出现的时机非常重要。

（2）基于消费者画像的精准信息推荐

社区成员的画像是以大量的社区互动及参与行为数据为基础，通过各种维度和途径对社区成员的特征属性进行解析，以标签化的合集对消费者形象进行数学建模。随着消费人群的多元化发展，越来越多的消费者开始追求更深入、更有趣的生活方式，更自由地去构建自己的品牌社区角色。品牌必须意识到今天的消费者已经无法用一种标签去描述，而需要长期社区成员的需求迭代，甚至包含社会文化的变迁。虚拟经济与实体经济相结合为品牌带来了新的机遇，数据化的资源比以往任何时候都要更有价值，新技术让量化消费者行为路径成为可能。伴随社群经济的崛起和发展，社群媒介平台沉淀了大量的用户数据，这些数据包括消费者性别、年龄、所在城市等身份信息，也包括品牌消费的次数、商品浏览的偏好、购买渠道偏好、品牌喜好侧重、兴趣偏好等维度的行为偏好信息，还包括信息发布、关注、评论、点赞、收藏等社会化关系信息。这些信息成为品牌与消费者共用的资源池。

品牌社区的自建平台则可以设置一些用户反馈的渠道，跟进与社区成员紧密接触。其主要目的首先是主动收集社区成员的反馈，带动社区成员参与的积极性，然后将收集到的反馈数据归集到原来的用户数据库中，通过多次分析，对消费者标签进行调整；其次是通过数据监测，把握社区成员的产品使用数据，基于对数据的有效分析可以逐渐形成社区成员标签的迭代，帮助品牌社区平台重新调整信息内容推荐设计策略，进行更精准的二次推荐，至此形成社区成员接触—数据反馈收集—标签更新—再推荐的闭环。

6.3 小红书案例分析

6.3.1 小红书平台介绍

小红书是一个以生活为区块，以客户自主为链条的类似区块链的社交消费软件，以用户原创内容（User Generate Content，UGC）业务吸收相似爱好的消费者为宣传手段，通过用户的自主分享与推广，为小红书吸引了大量"小红薯"（小红书粉丝），体现了众包时代的宣传优势。小红书以自营及第三方电商平台为盈利手段，使小红书能在短期内瓜分淘宝、天猫、京东的市场，并填充了海外购物攻略的市场空白，为用户提供保税服务，实现与用户的双赢。

2019年4月19日，《人民日报》对小红书模式表示肯定，称用户推荐的进口商品拉动了消费购买力。在小红书上,用户在消费的物品之外,更注重消费体验的分享,让口碑成为品牌升级的驱动力,也让"内容'种草'"成为流行。平台用户小耿称:"这些兼具分享与购物等功能的平台,一定程度上激发了我的购买欲。如果平台上有购买链接,我购买的可能性就会更大一些。"与传统营销和其他在线营销方法相比,使用社区进行口碑营销更加准确有效、更具互动性和循环性,社区营销具有很大的影响力且能够引起在线公众舆论,成本低,有利于培育用户忠诚。

互动性强也存在负面影响。小红书推崇使用用户原创内容的模式管理软件,但是缺乏把关机制及产品无法验证等情况,曾导致小红书不得不在多家安卓应用商店下架,继安卓应用商店下架后,小红书在应用商城也无法搜索下载。在线社区是研究消费者对公司营销策略的接受程度的理想场所,但当小红书营销系统出现问题时,社区将不可避免地发出第一道警告信号。小红书的网络社区口碑营销不能仅仅是公关,网络社区的存在还意味着社区与用户之间能够形成一种稳定而且互相信任的关系。

笔记社区、发现、购买是小红书最核心的三个功能模块。购物笔记 feeds 流(产品首页)是小红书的主功能模块,并且发现模块、购买模块都与其有信息上的交互;发现模块信息全部源自笔记分享社区,可以理解为对笔记社区内容的分类整理,但同时也是 feeds 流的重要补充,用户在该模块可以找到值得关注的账号、专辑;购物模块与笔记社区有着非常巧妙的联系,笔记社区中部分高频商品被优先引进了福利社,而在商品详情页中,编辑会将精选笔记作为商品评价链接进来。此外,在添加笔记时,小红书也鼓励用户关联福利社订单,如果关联,商品购买链接就会显示在笔记中。笔记是否被链入详情页,与是否购买于小红书无关。

与其他同类应用风格不同,进入小红书首页,会给人一种简洁、清晰的印象。总的来说,这种简洁、清晰的感觉源自产品经理对于功能设置上的简约设计,小红书希望能为用户提供最佳的信息阅读体验。

(1) 首页的产品逻辑

在首页中,可以看到,小红书对笔记图片的观感极度重视。图片以单张的形式,横向铺满了整个手机屏幕,两边没留任何空隙。这样的设计方式,源于小红书的核心定位——找到好东西。文字的表达力永远是有局限的,最好的表达方式就是图片。所以,常常能在笔记下看到用户与"薯队长"沟通修改封面图的留言,而产品本身也提供了精美的贴纸与滤镜,来为用户提供高质量图片。此外,在小红书购物分享社区里,是没有"笔记详情页"这样的概念的。一篇笔记只会出现在三个地方:feeds 流、用户笔记列表和专辑列表。这样的设定原因只有一个,就是没有详情页也能满足任何场景的需求,而且是更具有效率的满足。好处在于减少页面跳转对用户浏览过程的干扰,让用户尽可能地沉浸于好物之中而不被打扰。

在同类应用中,Pinterest 和堆糖的主屏都采用了瀑布流的展示方式,两者有一个相同的目的,即希望通过展示下一行图片,吸引用户继续向下浏览。但是细看下来,两者其实有很多区别。Pinterest 的目的很直接,就是要做图片社交,让用户被美好的图片所感动。于是 Pinterest 率先创造出了瀑布流,让用户沉浸于浏览美图的过程,自然而然地下滑浏览。而在这样的场景设定下,用户是没有明确的浏览目的的,Pinterest 弱化了分类索引功能(移动端没有)。而堆糖的产品定位则更类似于小红书,即做某个(或者某几个)领域的个性化内容推荐,图片只是最佳的表现手段罢了。所以,堆糖做得比 Pinterest 更深入,网页版堆糖点击图片会整个跳转到新页面,而 Pinterest 为保证交互效率,只是简单地弹出浮窗,更有利于让用户专注于图片本身。

小红书还在一些小的交互细节上做出了创新,比如,点击"全部评论"按钮,只会看到评论列表,不再展示图片。这样的设定,同样是基于对图片本身的重视。一方面,对于小红书而言,图片是一篇笔记中最核心的内容,点击"全部评论"按钮意味着用户离开核心场景进入另一个功能区域。在 feeds 流中加入了商品购买链接,但做得很"克制"——只是在 feeds 流里部分笔记下添加了链接。"只是在 feeds 流里"意味着当用户进入主页时,是看不到商品购买链接的,用户可以把它视为 feeds 流里的广告。"在部分笔记下"只挑选了一小部分"非福利社购买笔记"插入购买链接。之所以选择非福利社,可能是因为更希望引入对商品本身客观的评价,而不掺杂用户服务、情感等干扰要素。

(2) 发现模块的产品逻辑

从整个社区信息闭环来看,小红书的"发现"模块超出了"发现"这一定义。对于"发现"的用法,比较流行的有三种。

第一种,承载产品主功能之外的其他功能,大众的比如微信,小众的比如墨柚。用户点击"发现"按钮是很明确地要访问某个单独的功能(比如微信朋友圈和墨柚),而这个功能对主功能形成一定的互斥影响。一般来说,当一个产品要在主功能之外开拓全新维度的功能时,比较有可能使用这种方式。

第二种,单纯地发现未知内容,大众产品比如知乎,小众产品比如念和涂手。feeds 流负责呈现用户所关注的信息,而"发现"则代表寻找新的未曾发现的关注点,可以天马行空地给用户推荐。在这种情况下,用户访问发现模块是没有任何明确目的的。如果产品在 feeds 流中已经形成分类,或者根本无法再继续进行分类了,则比较适合这种方式。

第三种,需要去寻找某一领域的信息,大众的比如微博,小众的比如蝉游记的攻略模块。如果用户有非常明晰的分类信息查找场景,而又很难在 feeds 流中去实现,则非常适合这种方式。微博近年来逐步淘汰了大批低质量内容账户,让一批高可读性内容的生产者脱颖而出,基本完成了社交化向媒体化的转变。蝉游记在沉淀的大量旅行笔记基础上,花费很大精力自行编制了目的地旅游攻略,为有明确旅行需求的用户提供最佳的攻略体验。

小红书的"发现",基本上是第二种和第三种类型的综合体。顶端一排按钮("类别""品牌""目的地""主题""达人")为笔记信息的不同维度分类整合。如果用户有很明确的目的,比如正打算去某地旅游需要列一份 Shopping List,那么用户可以在第一时间找到入口。而如果用户没有很明确的目的,只是翻完了 feeds 流,想看看有什么其他有意思的东西,就可以忽略第一排,继续向下浏览。总的来说,信息分类可以满足用户特定场景需求,而热门推荐则是增加用户黏性。

(3) 购买模块的交互创新

2015年，电商领域出现了两类让人眼前一亮的产品：第一类是小众领域的垂直电商，在产品设计、商品设计和运营上都极尽突出领域特色，例如，窝牛装修、东家；第二类是社交（或社区）与购物的结合，例如，小红书、堆糖、下厨房。对于后者而言，最具革新性的设计，就是将社区内容作为商品评论引入商品详情页。传统的电商网站，评论低质量化是一大痛点，淘宝、京东、苏宁的商品评价区中，充斥着大量无效甚至虚假评论。评论区本质上不是一个完整的社区，无法有效激励用户做出高质量评论。

从整个购物流程看，小红书尽量做到简化。在商品详情页，只有"加入购物车"按钮，收货地址信息放在收银台。而传统大型电商一般的逻辑为购物车1—购物车2—收银台。在这样的简化流程下，用户从选种商品到购买，只需四步，非常简单便捷。在安卓4.1.1版本中，原"福利社"更名为"购买"。名称变更的背后，代表着战略的变化，电商平台正逐步成为小红书的战略核心。但任何一个产品，其主功能只能有一个，发展电商必然意味着笔记社区会被削弱，如何在过程中寻找平衡，将会是很大的挑战。

6.3.2 小红书用户

在2013年上线之初，小红书只是一个单纯的UGC购物笔记分享社区。当时，中国跨境游市场正处于高速上升阶段，旅游期间的购物选择是个难题。小红书正好解决了该问题，加之极其高效的社交网络推广方法（高质量的目的地购物攻略分享），吸引了大量用户注册。在此基础上，小红书建立了自营海外购电商平台，为用户提供海外单品的购物服务。所以，总的来说，小红书的产品定位，是海外购物笔记分享社区，以及自营保税仓直邮电商。

无论是海外购物笔记社区，还是"购物"板块的保税仓/海外直邮电商，小红书的产品都是在围绕着有奢侈品或高品质商品购买需求的用户群体来设计的。将这个用户群体进行拆分，其呈现出以下特征。

第一，女性是最主要的目标用户。女性爱逛街购物，倾向于在国外购买比国内更便宜的奢侈品与高品质商品。

第二，年龄集中在20~35岁，该年龄段人群处于事业稳定期，购买力强。更低龄的用户刚开始工作,收入水平不足以支撑高端商品消费;更高龄的用户(出生于 20 世纪六七十年代)受时代影响,未能培养高端商品购买习惯。

第三,职业分布包括大城市白领、公务员,以及海外留学生。大城市白领与公务员有良好的收入基础,追求生活品质;海外留学生是生产购物笔记的主力军,他们更了解海外商品,也更加乐意分享。

用户画像列举。

(1) 在美国读书的留学生

基本属性:22 岁,在英国读硕士,学习繁忙,但也会参加很多社交活动。爱旅行更爱 Shopping,对各种大牌爱不释手,有打折绝对不会错过。

购物习惯:由于在国外且常旅行,购买奢侈品/高品质商品的场景为线下购物中心,时间多集中在当地折扣季。

产品行为:乐于分享购物笔记的高度活跃用户,年轻有激情,渴望分享的商品被认同,所以会配合"薯队长"修改笔记,耐心回复评论;精打细算,对积分兑换的使用研究很深;由于身处国外,不大会购买"福利社"商品。

(2) 生活小资的"魔都"外企白领

基本属性:28 岁,重点高校学历,有气质、有涵养,生活小资,追求品质。平常工作繁忙,周末拉上一圈朋友逛街、吃喝玩乐。

购物习惯:逛得起大商场,也能拉下面子搜淘宝;偶尔会买奢侈品,使用中高端护肤品和美妆;服装兼具大牌与高性价比单品;常常买高品质有爱的装饰品/生活用品。

产品行为:比较乐于分享购物笔记,兼具高端大牌与"小而美"的商品。福利社的购物主力军,关注价格,但遇到有爱的东西会冲动性购买。乐于写高质量商品评价,但时间有限,不能接受频繁地修改笔记,回复评论要看心情。

(3) 职场精英女性

基本属性:35 岁,在职场打拼多年,有所成就。收入较高,衣食无忧。极其繁忙,可能因为重事业而没有结婚,也可能结了婚每天除了工作就是照顾孩子,疲于奔命,压力大。

购物习惯：舍得买高端商品，大多在购物中心，打折季也会网购；护肤品、美妆全部为高端单品。每年固定出境游，其间疯狂扫货。

产品行为：不会频繁地分享购物笔记，相对而言不大在意成为精选笔记和积分；会收藏高端购物笔记，有空时找朋友代购或自己购买；偶尔逛福利社，选购美妆、护肤、生活用品、母婴等品类，价格敏感度不强，没空对比价格，在高频生活用品上会有很高的复购率。

使用场景：

①准备跨境或港澳台游时，通过小红书查询目的地精选购物笔记，找到最值得购买的商品，并添加至专辑，形成购物清单；

②购买到好物时，在小红书分享购物笔记，获得赞赏与关注，回答其他用户疑问，满足成就感；

③忠实用户优化笔记内容，申请精选笔记，积攒加入当月 Red Club 会员资格；

④日常闲暇时间，毫无目的地刷刷小红书，看目前流行的趋势，顺带发现好货；

⑤日常闲暇时间，逛小红书福利社，寻找中意好物购买；

⑥在笔记分享社区发现中意商品，找朋友代购，或上淘宝找代购；

⑦有某个方向的购买需求（护肤/香水/大衣/运动），但不知道该买什么、在哪里买，在小红书"发现"模块浏览对应类别或者专辑；

⑧被小红书推送消息吸引，进入应用浏览专题；

⑨获得优惠券，为在过期前使用，购买福利社商品；

⑩Red Club 会员，每月积分兑换礼物或活动特权。

6.3.3 小红书虚拟社区

作为一个社区氛围浓厚，形成了好物"种草"习惯的产品推荐平台，小红书对品牌植入营销的宽容度最高。这里有高度专业化的内容、成熟且用户黏性高的社区，明星和达人也会贡献全面清晰的品牌推荐，经过多年运作，其"安利'种草'实用分享"的特点已经深入人心，正是因为独特的站内生态，小红书的社交优势十分显著。在小红书 KOL 通过个性化的"种草"方式推荐产品时,后续社区链催生商品信任的全过程便已经展开。

如果说博客、微博创造了第一批意见领袖,那么微信上的公众号就是坚实的第二批意见领袖,而现在"接力棒"或许要传到在小红书活跃的红人身上了,小红书KOL现在作为意见领袖"3.0版本",正火热发展。意见领袖是具有较强人格魅力、较强综合能力和较高社会地位的人,会使大众更具认同感。在小红书中意见领袖同样存在,作为信息和影响的中继和过滤环节,对大众传播效果及用户购买商品行为产生了非常大的影响。

借助明星推动使用小红书的用户购买明星推荐产品,成为小红书的一大亮点。从2017年开始,林允、张韶涵等明星逐渐入驻小红书并成为常驻活跃用户,形成了明星同款产品带动消费的效应。借助明星的力量进行传播,发挥明星的意见领袖作用,拉近了明星与素人之间的关系,将明星与公众连接在一起,在挖掘明星商业价值的同时使品牌形象在用户心中逐步树立起来,在这个过程中,明星的日常分享对小红书的网络"种草"行为产生了重要的积极作用。

在小红书中,用户从最初作为可以看到真实测评的好物、明星生活的另一面、吃穿玩乐买等日常信息的接收者,成为得到全世界好物的消费者,到人人都可以拍Vlog的内容生产者,再到成为小红书KOL,引领他人消费。从内容接收者到内容生产者再到成为意见领袖,小红书使人们在一系列的身份转换中展现自我,实现用户价值的最大化,在被"种草"和给他人"种草"中循环往复,既满足了用户的需求,也使用户在成就感中不知不觉形成商家希望实现的营利模式。

AdMaster发布的《2019年中国数字营销趋势》报告中提到,在社会化营销层面,KOL营销逐渐被品牌视为社交媒体传播的重中之重,占据了数字营销行业的60%。传统的广告方式已经无法引起消费者的关注,要让品牌走入消费者的内心,在社区内就要选择让他们更加信任的渠道——"种草"营销,来增加成员感和沉浸感,让消费者和品牌产生更加亲密的关系。

对小红书洗护、美妆、护肤领域形成的社区进行分析,在内容植入型领域,三大品牌与年轻女性消费习惯高度重合,因此大量样本的浏览习惯会十分接近，榜单中社区地位较高的"头部"KOL也比较一致。

在护肤、美妆、洗护类三大重合度的社区中，小红书领域榜单开始大量出现明星身影。林允、欧阳娜娜便是其常客。由于当红明星具有庞大的粉丝基数，在擅长的美妆等领域有自身的见解，并且受粉丝追捧，所以在社区中的地位较高。受平台氛围的影响，明星会在这里进行直接的推荐安利行为，也让女明星在她们擅长的美妆、护肤、洗护领域推荐触达的效果更好。

之前小红书美妆护肤类品牌已经形成了一套较为系统的社区渗透打法，即"明星+大V"进行推荐安利，"中、腰部"KOL进行大规模测评带动素人爆发式跟进。这套社区渗透模式最重要的环节就是社区地位较高的明星和大V。但如今，为了增加社区成员的沉浸感，社区渗透的过程也更加精细化和策略化。雅诗兰黛、迪奥等品牌便在这里建立了官方账号，并通过和欧阳娜娜、李佳琦等美妆类KOL的联动，以折扣时间植入、新款搭配指南等形式为品牌曝光，明星乔欣也依靠大量在小红书中分享的私服搭配指南和买包攻略内容等上榜，而榜单中均为女性穿搭KOL，也再次体现了小红书以年轻女性为主的用户生态，将KOL粉丝引流至自身在小红书上的官方账号，引导用户参与官方举办的各种日常话题活动。在这样的流程下，服装品牌的各类新品的"种草"风气也会因为在"中、腰部"KOL和素人参与完成迅速搭建，有助于品牌增加虚拟社区感和沉浸感。

同时，这样的品牌也会在社区内定向培养自身在社区中具有地位的KOL，让部分拥有众多粉丝的"头部"KOL呈现出对自身品牌的明显偏好。继而定期在社区内进行内容输送，完成多类品牌产品的安利。在小红书的图文推荐模式下，多套穿搭也在一定程度上符合品牌对多款产品的推广诉求。

总体来看，整个小红书的投放是从具有社区地位的KOL"种草"开始，然后经过多次触达和多样化的渠道最终打造在社区中具有较高知名度的网红品牌。在这个过程中社区内地位较高的KOL尤为重要。尽管这里存在着大量的炫耀式消费，但真正的消费者追求的是体验式消费。在社区内，品牌的大小和知名度并不重要，体验式内容和过程描绘详细的个性化产品（让社区内的人群具有较高的成员感和沉浸感）才更容易推广。由于其浓厚的年轻女性的消费特质，目前小红书在女性消费领域中的社区效应显著，大量品类还存在着开发空间。其中，随着用户年龄的多元化，男性比例的增加，未来会有更多品牌在小红书建立社区。

6.3.4 小红书虚拟社区营销

（1）与奢侈品携手，打造闭环新发展

小红书与世界著名珠宝品牌蒂芙尼，于2020年5月初正式开设蒂芙尼520快闪店并发布了蒂芙尼"520全球限量款"Keys项链，仅供线上销售，蒂芙尼成为首个尝鲜小红书闭环营销模式的奢侈品品牌。520快闪店上线后，蒂芙尼还通过开屏广告，"晒晒我的Tiffany"热门话题页，以及社区笔记、博主直播带货等方式带动全网"种草"，正式上线3天，这条全球限量款项链就在全网售罄。除了此次主推的520全球限量款项链，品牌旗下经典的T系列、微笑系列等饰品均在蒂芙尼520快闪店上架。据悉，这是蒂芙尼在自有官方商城之外，首次尝试在第三方平台设置官方快闪店购买渠道。

与其他直播形式不同，蒂芙尼小红书快闪店极大地满足了用户观看直播或笔记后一键完成购买的需求。5月5日晚上的小红书直播间里，主播陈逸慧正在打开系着白色丝带的蒂芙尼蓝盒，一条蒂芙尼Keys系列的冠形镶钻项链出现在屏幕中央，项链中间镶嵌的一颗粉色宝石格外惹眼。此次蒂芙尼直播上架产品，除了"520全球限量款"外，还有T系列、微笑项链、家居系列的骨瓷水杯和宠物食盆，用户在直播间可以一键进入蒂芙尼小红书快闪店选购"520"节日礼物。受全球新冠肺炎疫情的影响，奢侈品行业在全球行业受到冲击，危机中的奢侈品在巩固中国市场的同时，越来越积极地拥抱小红书这类新型社区平台。此次蒂芙尼就在直播间主动送出"520"专属贺卡及线下蒂芙尼The Blue Box Cafe下午茶礼遇，在行业中已属突破。

在营销内容层面，奢侈品珠宝对于情感营销向来异常重视，蒂芙尼除了发布甜蜜浪漫的520情侣大片，用更本土化的情感联结获得消费者注意力。通过一系列笔记、直播、快闪店活动，"蒂芙尼钥匙""蒂芙尼520"在小红书社区的搜索同比增长分别为35.5%、7135.7%。快闪店上线后，包括大睿睿等知名小红书时尚博主发布蒂芙尼新款项链的分享笔记开启产品"种草"宣传。5月5日至7日，博主陈逸慧、AmandaX、张咸进行了蒂芙尼专场"520"直播。其中，博主陈逸慧直播带货客单价超过1.5万元，近20%的直播间观众被"种草"，进入了商品页面。AmandaX和女儿同框直播："16岁的时候，我妈妈买了18K玫瑰金的'小钥匙'，'钥匙'有很美好的寓意，意味着打开无限可能的世界。"启发了观众对于"爱"的更多思考，"520"也可以是对家人的告白日。互动和分享，这是小红书"种草"有别于促销的最显著差异，这一特点也延续到小红书的直播带货中。"大家想购买可以点下面的购物车，不过购物车只能看到图片，在直播间里可以看到我试戴的效果。"张咸在直播中引导粉丝先通过直播观看各种款式项链的佩戴效果，找到最适合自己的款式再购买。陈逸慧直播两天后，就接连有小红书用户晒出了自己通过直播购买的限量款项链。用户"续爸爸的小美女"在5月8日收到项链后连发2条开箱视频，展示了项链的包装和佩戴效果，用户"大雯&小璇"也晒出了自己佩戴蒂芙尼项链的照片。

　　作为生活方式社区，小红书因"'种草'经济"闻名，最大的独特性就在于，一个用户通过"线上分享"消费体验，引发"社区互动"，能够推动其他用户到现实生活中消费，这些用户反过来又会进行更多的"线上分享"，最终形成一个正循环。这也是小红书"种草"、"拔草"、分享闭环能够产生长尾价值的原因。直播的内测和功能逐步完善，为品牌与用户深度互动及购买决策提供了效率更高的工具，尤其为与促销式直播并不匹配的奢侈品品牌打开了一条新路径。随着购物车、快闪店等工具和模式的开发，未来小红书闭环模式或将成为越来越多奢侈品品牌和用户进行全链路互动的标配。

　　（2）体验在线化，助力线下消费回温

　　2020年4月25日当天，11：00至22：00，陈白羊等近30位小红书博主在BFC、TX淮海、K11在上海，以及武汉、广州、沈阳的K11进行全天接力探店直播，通过"云逛街"的形式为网友"种草"线下潮流店铺，直播互动率最高达44%。博主直播探店分享让到店消费的体验在线化，通过这种"先体验后消费"的模式，为网友"种草"潮流店铺，带动线下消费回温。

"我们的品牌 Logo 是 E 和 U 的变形组合，有点像两个接吻的侧脸，寓意幸福将至。"入驻 TX 淮海的设计师品牌 EUDAECOME 的主理人 Judy，在博主陈白羊的直播中向网友介绍自己的品牌理念，这是一个刚创立两年的本土配饰设计师品牌。"这款线形耳饰比较修饰脸形，适合搭比较有女人味的衣服。"Judy 拿起一款线形耳饰展示，并给出相应的穿搭建议。"这个姐姐好爱笑""想买"，听完 Judy 的介绍，评论区掀起了一波求购小高潮。擅长逛吃的小红书美食博主"杜杜没肚肚"，当天带着网友把 TX 淮海的热门美食店铺逛了个遍。"豚王"是一家最初开设在香港的日式拉面馆，"这碗番茄面，每个月限量供应"。在"杜杜没肚肚"的直播间，工作人员向直播"吃播"的杜杜介绍每一碗拉面的特色。BFC、TX 淮海、K11 在上海、武汉、沈阳、广州多家商圈加入直播，直播间互动率高达 44%，"杜杜没肚肚"等小红书博主的直播间互动率均在 20% 左右。

正是看中了小红书"'种草'社区"特质及线上"种草"反哺线下的能力，上海市消保委与小红书达成战略合作，小红书成为"2020 体验上海"指定体验分享平台。未来，双方将协力把"2020 体验上海"消费体验馆打造成上海新的城市打卡热门地标。此次与上海市消保委的合作中，21 名小红书博主将在活动期间，通过笔记、直播等方式带网友探访这些有趣的上海地标，其中"黑眼圈哥哥""Im Anna Nana"等 2 位小红书博主在发布会当天直播，通过现场大屏幕展示了小红书"'种草'社区"的深度互动效果。此次公布的 21 个消费体验馆，既包括星巴克臻选上海烘焙工坊、朵云书院旗舰店、乐高品牌人民广场旗舰店、BMW 上海体验中心等潮流店铺，也包括文化韵味十足的蔓楼兰海派旗袍、历史沉淀深厚的愚园百货、科技感十足的华为智能场馆等，都是小红书社区里上海的热门探店打卡地点。

"探店"是一个从线上"种草"延续到线下消费的典型场景，想要分享探店笔记，必须到门店消费，才有干货可以分享。小红书上有超过 109 万篇探店笔记，2020 年 4 月随着线下消费的回温，小红书社区里"探店"关键词的单日搜索量，相比 2 月上涨了 440%。用户之所以在小红书上分享如此多的探店笔记，是因为小红书社区的特质。对用户而言，小红书不同于其他虚拟社区，用户在小红书不管是发现了一支适合自己的口红，还是发现了一个想去的景点或餐厅，想要获得消费的满足感，必须在现实生活中才能完成。而探店笔记、探店直播的作用就在于，通过他人现场体验分享的内容，让用户能够先有消费的体验，产生消费的动机和需求，最终推动用户行动起来到店消费。这是在在线新经济发展的大背景下，小红书上出现的"体验在线化"趋势。这种特质也让小红书在疫情后线下消费的复苏回温中充分发挥了平台价值。

6.3.5 小红书虚拟社区发展瓶颈与建议

（1）小红书虚拟社区的发展瓶颈

环境瓶颈。市场竞争日益加剧，小红书作为最早建立 UGC 社区的电商平台，社区模式的独特性正在逐渐丧失。在小红书目标市场上越来越多同模式竞争者的出现，使市场竞争加剧；消费市场分流，虽然小红书开放了第三方平台，但是平台商品种类依然较少且难以满足消费者的个性需求。同时，许多单品类商品的专属售卖平台如得物、The Parks 的建立，也造成了小红书在目标市场上不断被各个平台分流。

运营方式瓶颈。传统 UGC 社区吸引力下降，小红书的社区内容最为丰富。但是近几年小红书社区笔记代写的负面新闻不断，极大地降低了小红书笔记在用户心中的可信度。同时，近两年我国各大短视频内容平台的发展也让小红书的 UGC 社区正在逐步失去原有的影响力；平台监管压力增大，小红书的社区模块内容最为丰富，平台社区内容的监管难度也随之上升。同时，第三方商家的入驻虽然提高了平台商品的种类，但是小红书也需要投入更大的监管力度进行第三方商家商品质量的审查；供应链稳定性差，供应链环节较为薄弱。首先，小红书缺少稳定的上游供应商，平台在预售产品或打造爆款产品时存在很大的供货隐患。其次，小红书在国内仍需依靠第三方物流进行配送，运输时间及价格完全由第三方物流把控，降低了平台的整体服务水平；流量变现效率降低，小红书在用户使用体验的调查评分中，用户发生购买行为环节的评分并不高。可见小红书在平台流量变现能力上存在一定的问题。小红书将大量的运营资源投入社区生态的建设中，但是社区推荐的许多好物无法在电商模块找到购买链接,造成了平台流量和运营资源的浪费;模式创新能力不足,通过用户使用体验问卷评分发现小红书在平台吸引力环节得分并不高,而平台直播模块建立完善的"洋码头"评分较高,可见小红书的模式创新能力不足。小红书依旧固守着"社区+电商"的模式,并没有对平台的运营及商业模式做进一步的拓展创新。

(2)小红书虚拟社区发展的建议

加强平台监管力度及优化监管模式,平台应增加对监管部门建设的投入。对虚假和价值观偏移的笔记进行及时的清理,提高社区笔记内容的质量和真实性。同时,优化自身的监管模式,针对笔记代写较为集中的标签或关键词进行集中监管和清理,提高平台监管资源的利用效率。

加强平台与品牌的合作力度,针对平台入驻商品种类不全的弊端,平台应依靠大数据统计社区中评价较高的品牌及商品,再从中筛选适合的品牌进行深度合作。同时,平台要依据用户群体特征进行前瞻性选品,提高未来平台商品的受众程度。

建立用户优质内容分享奖励机制。平台应建立奖励机制促进用户在社区内分享优质笔记,依据用户分享笔记的数量、点赞量和收藏量给予用户不同等级的奖励,如用户等级标志的精神层面奖励和商品优惠券的物质层面奖励。有助于培养用户"多浏览,勤分享"的平台使用习惯,提高平台内用户的参与度与社区笔记的真实性和丰富性。

提高平台仓储物流水平。在国内,平台应加大与第三方物流公司的合作力度,与物流公司进行平台部分信息资源的共享,提高物流信息的传递效率,增加保税仓和物流公司的商品交接效率。在国外,平台应提高海外仓资源的共享意识,在一些建仓成本较高的地方可以联合建仓,整合海外仓储和物流资源,提高平台供应链水平,达到共赢的效果。

提升平台运营模式的创新能力。平台运营模式的创新要符合平台用户群体的需求,顺应市场的发展。小红书应该着手建设平台的直播生态,从外部环境来看,疫情使旅游、探店等活动受到极大限制,这些原本是小红书上十分重要的内容品类,互动直播刚好提供一个临时的解决方案,如果转化得当,就可以成为小红书长期的发展渠道。手握巨大流量的抖音、快手都已经强势入局，吸引大 KOL 流入，倒逼小红书加速直播进展，以防止创作者流失，造成社区生态失衡。从内部发展来看，直播可以帮小红书讨好创作者，推动他们生产更优质的内容，扩充流量池，并且拓宽内容维度和生态。为此，小红书推出了"百亿流量扶持计划"，聚焦视频创作者、直播创作者以及泛知识、泛娱乐品类创作者做定向扶持。在直播内测期间，社区内容出现了自然生长，小红书开通直播的创作数量以每月 200% 的速度增加。随后，小红书发布"100 亿流量向上计划"，对创作者生产相关内容进行强引导。直播一定是小红书变现的新机会，小红书本身具备做直播的内容条件和商业模式，新引入的淘宝外链虽然能在一定程度上补齐其在供应链上的短板，但是当短期红利被消耗后，最大的闭环机会依然属于淘宝这类后端拥有足够多的供应链资源，且前端拥有大量稳定流量的全链条电商平台。

6.4 哔哩哔哩案例分析

6.4.1 哔哩哔哩简介

（1）哔哩哔哩的创建与发展

哔哩哔哩（bilibili，以下简称"B 站"），现为中国年轻世代高度聚集的文化社区和视频平台，该网站于 2009 年 6 月 26 日创建。2018 年 3 月 28 日，B 站在美国纳斯达克上市，获得"2018 年度中国最具影响力十大纪录片系列推优活动"评选的"中国最具影响力纪录片新媒体机构"。2019 年，B 站获得艾瑞咨询评选的金瑞奖——最佳创新平台奖，入选 BrandZ 报告"2019 最具价值中国品牌 100 强"。2020 年 6 月，B 站入选"2020 福布斯中国最具创新力企业榜"，在 2020 年 9 月 15 日，B 站定制的视频遥感卫星——"哔哩哔哩视频卫星"成功升空。

B 站早期是一个 ACG（二次元，"动画""漫画""游戏"三个词语的英文单词首字母缩写）内容创作与分享的视频网站。经过十年多的发展，围绕用户、创作者和内容，构建了一个源源不断产生优质内容的生态系统，拥有动画、番剧、国创、音乐、舞蹈、游戏、知识、生活、娱乐、鬼畜、时尚、放映厅等 15 个内容分区，生活、娱乐、游戏、动漫、科技是其主要的内容品类并开设直播、游戏中心、周边等板块。B 站已经涵盖 7000 多个兴趣圈层的多元文化社区，曾获得 Quest Mobile 研究院评选的"Z 世代偏爱 App"和"Z 世代偏爱泛娱乐 App"两项榜单第一名。

截至 2020 年第二季度，B 站月均活跃用户达 1.72 亿人，移动端月活用户达 1.53 亿人，18~35 岁用户占比达 78%。2020 年 1 月 9 日，胡润研究院发布《2019 胡润中国 500 强民营企业》，B 站列第 180 位。2020 年 3 月 18 日 B 站发布 2019 年第四季度及全年财报：全年营收 67.8 亿元，同比增长 64%。

(2) B 站主要业务

①直播。

哔哩哔哩直播是 B 站推出的国内首家关注 ACG 直播的互动平台，内容有趣、活动丰富、玩法多样，并向电竞、生活、娱乐领域不断延伸。

"电竞+游戏"是 B 站直播的重要品类。目前，B 站已经覆盖了包括《英雄联盟》LPL 职业联赛、*DOTA2* TI 国际邀请赛、《王者荣耀》KPL 职业联赛等在内的各大赛事；在泛娱乐直播方面，B 站则以音乐、舞蹈、绘画、美食、萌宠、明星访谈为主。

B 站还在开拓学习直播、虚拟主播等新兴直播品类。B 站数据显示，被用户称为"#study with me#"的学习直播，已晋升为 B 站直播时长最长的品类；用户在 B 站直播学习时长突破 200 万小时；泛知识学习类内容的观看用户数突破 5000 万人，相当于 2019 年高考人数的 5 倍。另外，2019 年第一季度，共有超 6000 名虚拟主播在 B 站开播，观看人数近 600 万人。2019 年 12 月 6 日，B 站宣布获得《英雄联盟》全球总决赛 S10 至 S12 连续三年（2020 年至 2022 年）的国内独家直播版权。

②广告。

B 站广告业务主要分为效果广告和品牌广告。2018 年，B 站举办了对广告主的广告推介会 AD TALK，首次开放自制内容的招商，在 2019 年的 AD TALK 上，B 站明确了自己的商业化进程，宣布 2020 年将向所有品牌合作伙伴开放生态。B 站确定开放的生态资源包括 14 部国产动画、15 部纪录片、6

部综艺、30 余位 UP 主、11 项大事件以及电竞等。

③电商。

B 站自己的电商平台"会员购"于 2017 年上线,以漫展演唱会票务、手办、模型、潮玩、周边的销售为主,在不到两年的时间已经占领了二次元票务领域最大的市场份额。2019 年 10 月底,B 站的电商业务 GMV(成交总额)已经突破 10 亿元。

④漫画。

B 站漫画是国内领先的正版漫画发行平台之一,于 2018 年 11 月上线。目前,拥有《火影忍者》《JOJO 的奇妙冒险》《航海王》《天官赐福》《步天歌》等超过 12000 部作品,与逾千名创作者达成合作。12 月 12 日,B 站宣布与网易签署收购协议,将对旗下网易漫画的主要资产进行收购,其中包括 App、网站、部分漫画版权及其相关使用权益。

⑤电竞。

2018 年,B 站正式成立子公司"哔哩哔哩电竞",主要经营业务包括多支顶级职业联赛电竞俱乐部的运营、电竞艺人经纪以及电竞内容制作等。B 站拥有英雄联盟职业联赛和守望先锋联赛两大世界级电竞赛事席位。B 站电竞已拥有 BLG、杭州闪电队 Spark 电竞俱乐部。

(3) B 站内容生态

B 站逐步形成"UP 主 + OGV"的内容生态布局。

PUGV 则是由用户自行拍摄制作或在原有媒介作品基础上进行二次创作后上传至平台。在 B 站投稿的用户被称为"UP 主",并由读音衍生出了"阿婆主""阿婆"等谐音称呼。而 B 站与其他主流视频网站一个很大的区别就在于其媒介内容大部分是由 UP 主投稿的作品构成。根据 B 站 2019 年第三季度财报,PUGV 占 B 站整体播放量的 90%,第三季度 B 站月均活跃 UP 主达 110 万人,月均投稿量达 310 万份,分别同比增长 93% 和 83%。

UP 主原创视频主要涉及游戏、音乐、生活、学习、国风。

截至 2019 年 6 月,B 站游戏区有超过 180 万名游戏 UP 主,发布 2100 万游戏类视频,游戏视频累计播放量有 601 亿次。通过评测视频和实况视频,B

站 UP 主改变了中国的游戏行业。

B 站音乐创作者规模已超过 50 万人,每月诞生的原创及自制音乐作品在 1000 首以上,包括《普通 DISCO》、*Are You OK*、《极乐净土》、《芒种》、《大碗宽面》等音乐作品,在 B 站引发了大量用户的二次创作热情。

生活类内容也在 B 站快速崛起。数据显示,2019 年,生活区不仅是百大 UP 主人数分布最多的分区,也成为 B 站全年播放量增长最快的内容分区。Vlog 已成 B 站增长最快的细分内容。截至 2019 年第三季度,B 站 Vlog 品类已有近百万名 UP 主上传作品,累计播放量超 110 亿次。

B 站学习类视频也在快速增多。大批专业科研机构、高校官方账号入驻 B 站。中科院物理所以账号"二次元的中科院物理所"上线 B 站,通过趣味科学分享,2 个月揽获超 27 万粉丝。

B 站还逐渐成为传统文化爱好者的聚集地,以舞蹈、音乐、汉服等为代表的"国风"内容增长迅速。国风爱好者已超过 4000 万人,其创作者大多是"95 后"。年轻人已经成为最热衷于传统文化传承与复兴的群体。

OGV 是 B 站的专业机构生产内容板块,主要包括平台购买及自制的可供商业化的动画、电影、电视剧、综艺和纪录片作品等。

B 站购买了大量视频资源的版权,并与各大平台、出品方合作开发优质作品,建立了属于自己的资源库和数据库。

B 站是国内最大的动画版权购买方之一。曾参与出品过《多罗罗》《炎炎消防队》《冰海战记》等多部番剧动画。2017 年及 2018 年上半年,共有 312 部日本新番剧动画面世,其中 201 部在 B 站播出,占比达 64.4%。2019 年,B 站参与投资和出品的日本番剧动画共 45 部,占日本出品动画总数的 15%。

B 站是国产动画最大出品方之一。2017 年 3 月,B 站正式成立国创区,投资了近 20 个动画团队,参与了 50 多个动画作品的投资、出品和合作。2018 年,B 站有 19 部国产动画接入了大会员体系,开始了付费观看。同时,国创区有 73 部国产动画参与付费观看。2019 年,B 站国创区共上线 104 部国产动画作品,首次追平了日本番剧动画的供应量;B 站国创区月活跃用户数量也第一次超过了番剧区,总播放时长破 3 亿小时。

此外，B 站还拥有大量优秀纪录片的版权，并持续加大对优质纪录片的投入。近年来，多部优质纪录片如《我在故宫修文物》《人生一串》等都是在 B 站走红的。2019 年，B 站主导出品了 16 部头部纪录片，其活跃观众人数突破 6500 万人，纪录片的日均流量和日均覆盖人数保持同比三位数的增长。2020 年 2 月 26 日，由国家广播电视总局网络司指导、B 站与央视新闻联合出品的抗疫纪录片《在武汉》在 B 站开播，记录了在新冠肺炎疫情下武汉人民的生活和故事。这表明 B 站正逐渐努力在年轻人中扮演着主旋律传播者和传统文化弘扬者的角色。B 站也与众多国际知名纪录片厂牌如 BBC、Discovery、NHK 等进行积极合作。2018 年 9 月，B 站宣布与 Discovery 达成深度合作，包括 145 部纪录片，200 小时的独家内容以及内容共制方面的计划。

B 站还切入"小而美"的综艺节目，如国内首档宠物医疗观察类真人秀《宠物医院》、讲故事竞技类综艺《故事王》、民警观察类真人秀《守护解放西》等。其中，《守护解放西》于 2019 年 12 月获得"TV 地标"（2019）中国电视媒体"年度优秀网络视听节目"。B 站还与电视台合作出品综艺类节目，包括与湖北卫视联合打造的文化类综艺节目《非正式会谈》第五季以及和四川卫视合作出品的历史体验真人秀《穿越吧》。

6.4.2 B 站虚拟社区构建

（1）社区成员

目前，有多种身份可以在 B 站观看视频：游客、注册会员、正式会员、大会员。B 站早期限制注册，只在特定时期才开放注册。2013 年 5 月 20 日，B 站将邀请码制度改为注册答题制。晋级考试限定时间 60 分钟，总共 100 题，60 分及格。题目包含内容有弹幕礼仪篇，以及一些动画、漫画、游戏的基础知识。正式会员是社区的核心群体，通过 100 道社区考试答题，可成为正式会员。2019 年第三季度，B 站正式会员数量达到 6200 万人。"大会员"是 B 站推出的付费会员产品。截至 2019 年 9 月底，大会员数量同比增长 129% 达 610 万人。

B 站所构建的虚拟社区内社区成员是以年轻人为主的全民参与。B 站依托于互联网和新媒体环境，为用户情绪宣泄和灵感创作提供了舞台，使大众可以不受时空限制进行生产和传播。根据 2019 年 B 站产品分析报告，网站平台的用户多数为 30 岁以下的人群，其中"90 后"与"00 后"用户占比高达 72.26%。B 站的 UP 主群体中有专业团队也有非专业的普通用户，更有一部分如今的专业生产者是从原来的普通用户成长起来的，比如我们熟知的 papi 酱和李子柒等。2018 年，B 站上线手机投稿功能，大众可以通过智能手机客户端直接发布手机中的视频，无须再通过官方网页进行投稿。这项功能大大提高了 UGC 数量，使用户的内容生产和传播更加便捷，吸引更多人加入 UGC 行列。大众通过手机录制视频，登录 B 站点击"投稿"可以进行简单的视频编辑处理，通过后台审核就可以成功发布到平台上。用户还可以选择自己感兴趣的类别进行观看，发送实时弹幕或者进行评论互动反馈。于是，UP 主不再是专业生产者的专属，所有用户进入了这个创作广场，逐渐形成了全民参与的模式。

(2) 社区特色

第一，"线上运营+线下活动"。目前，B 站形成了 200 万个文化圈层和 7000 个核心文化圈，已经成为国内二次元文化的发源地。该平台线上的功能架构主要有直播、推荐、追番等以视频内容推荐为主的模块；分区主要包含动画、番剧、国创、舞蹈、游戏、鬼畜等几乎所有视频类型，可以满足用户群体的线上娱乐社交的需求。B 站在进行线上社区建设的同时也不断拓展线下活动，其中最为典型的是 B 站 Macro Link（主题线下聚会，主要为国内 B 站 UP 主专场演出，以下简称"BML"），这是由 B 站弹幕视频网创造的大型线下聚会品牌。BML 从 2013 年开始每年举办一届，主要形式为 B 站线下超大型 Live，节目质量、参与人数逐步提升，已经成为暑期最令广大 B 站文化爱好者期待的线下狂欢活动之一。

第二，弹幕。B 站的特色是悬浮于视频上方的实时评论，即弹幕。弹幕可以给观众一种"实时互动"的错觉，用户可以在观看视频时发送弹幕，其他用户发送的弹幕也会同步出现在视频上方。最初，B 站仅是小众 ACG（Animation、Comic、Game）爱好者的聚集地，由于网站的弹幕特色，加上观看视频时没有插入广告等一系列人性化设计，渐渐从二次元爱好者的专属发展为拥有各种视频类型、可以吸引各种受众群体的视频网站。早期,B 站的弹幕功能就使其区别于其他视频网站,受众在观看视频内容的同时还可以通过弹幕来发表个人观点,所有观看者也可以通过弹幕进行互动交流。不少观看者为了观看弹幕而再次观看视频,增加了视频观看的趣味性,也突破了时空的界限,能够构建出一种奇妙的共时性关系,使每个视频都成为独立的虚拟空间,形成一种虚拟的部落式观影氛围,为用户内容生产与传播创造了更多机会,让 B 站成为极具互动分享和二次创造的文化社区。弹幕真正让 B 站从一个单向的视频播放平台,变成了双向的情感联结平台。技术优势和文化优势也创造了弹幕生态环境与用户生态环境。

第三,鬼畜。鬼畜文化是 B 站的另一个特色,即通过一个合适的音乐与节奏,用户就可以剪辑进行二次创作与"同人"(改编)作品。大家在观看鬼畜视频的同时还可以发表自己的观点,在吐槽中寻找自己的乐趣所在。鬼畜与弹幕相结合的运作模式对用户构成了强大的吸引力,即便在各大网站都拥有弹幕功能的情况下,B 站弹幕的独特影响力也仍然能使其独领风骚。

鬼畜视频重复使用带有特殊含义的视觉符号,实现"洗脑"的传播效果。鬼畜视频的制作在技术层面上,突出了同一素材不断使用配合特殊的帧处理等技术手段,使视频素材与音乐节奏完全重合。除此之外,"弹幕"这种特殊的互动方式,使鬼畜视频中出现了一大批具有特殊意义的视觉符号,这些视觉符号在作品中以文字、图片,甚至 AI 换脸等方式出现,比如鬼畜视频《全明星 RAP:黑喂狗!》《【最强卖鞋哥】这双王八牌皮鞋我买定了》等与电视剧《回家的诱惑》并无关系的鬼畜视频中,都出现过"洪世贤"的表情包、文字,甚至 AI 换脸等视觉符号,使这个形象的意义从角色成为一种特殊的视觉符号,代表着"道理全都懂但依然犯错误"的人生态度。而鬼畜视频的受众群体对于特殊视频符号具有固定的解码方式,很容易吸引受众进入情境,从而加深受众对视频所传达价值观的认可,达到一种"洗脑"的效果。

鬼畜视频的素材大量使用了经典影视剧的桥段。B 站日报显示,B 站鬼畜区浏览量排前十名的视频中就有四个视频的主要素材来源于经典影视作品:《【春晚鬼畜】赵本山:我就是念诗之王》《鬼畜全明星:双人舞》《【派大星的独白】一个关于正常人的故事》和《高能 rap：你从未看过的家有儿女》。以上四条鬼畜视频的浏览量都在 1500 万次以上。凭借这些经典影视作品原本就带有的极大关注度，受众很容易进入一个比较熟悉的语境中，而对于经典影视作品的鬼畜既可以以影视作品原有的大量粉丝作为受众，又可以吸纳很多新的受众，这也是鬼畜视频受众逐渐扩大的原因，让新媒体视频与经典影视作品之间形成了完美的互动。除此之外，部分浏览量极高的鬼畜视频选材也与当今热点问题紧密挂钩，比如《美人鱼名场面：听说特朗普想搞华为?》这一视频上传仅一个星期，便获得了 38.5 万次的浏览量。视频借用了电影《美人鱼》广为人知的场景和视听语言等，将对话改为探讨前段时间引起关注的华为手机问题，这种高热度表现方式与热点问题的紧密贴合，使鬼畜视频传播效果极好。

（3）社区管理

B 站给予了用户较多的社区权限，但并非无限制地赋权。要维持整个社区生态的稳定，还需要建立有效的规则体系，对社区用户的权限与行为进行一定的规制，从而在尽可能给予社区用户最大创造与参与容忍度的情况下，保证社区的有序健康发展。

第一，设置社区成员准入门槛。不同于一般的视频网站只需要实名注册就能行使大部分的用户权限，B 站对用户的社区权限设置了一定的门槛。B 站的普通用户只能进行视频观看，没有任何其他特权，而要想拥有一定的社区特权，则需要高级别的正式会员的邀请或者进行答题成为正式会员。不同的会员等级会拥有不同的特权，等级越高，拥有的社区权限也就越多。要想拥有更多的权限，如发送弹幕、视频评论、发送私信、视频投稿等，就需要通过观看视频、投币、分享等行为获得经验值来提高自己的等级。早期的 B 站为了保证社区二次元圈子的"纯洁性"，对于用户的准入门槛设置较高，会员考试的题目与 ACG 内容高度相关且难度较大，阻碍了大量对二次元文化不了解的用户的加入，严重限制了网站的综合发展。之后，为了应对各大主流视频网站的市场竞争，拓宽用户市场，B 站的会员答题制度不断进行改革，加入了各种领域的题目并降低了题目难度，从而吸纳爱好多元文化的用户加入。

目前，B 站的会员答题一共有 100 道，满分为 100 分，48 分钟内答题得到 60 分及以上则为及格。在题目设置上分为三个部分。第一部分是社区规范题，主要考查用户对于社区规范与规则的了解程度，目的是让成为正式会员的用户具备了解并遵守 B 站社区规范的基本素养，如"在视频中突然出现发神秘网站的弹幕哪个是正确的做法""在评论区遇到有人吵架应该怎么办"。第二部分是违规发言题，主要考查用户对于什么内容的发言是违规内容的认知，如"判断以下弹幕'明明是我先'是否违规"。第三部分是自选题模块，答题者需在提供的 7 个分区里的 26 个领域中选择自己擅长的 3~5 个领域进行答题，考查用户对自己擅长或者感兴趣领域的熟悉程度。这三个部分的题目设置，在一定程度上反映了 B 站内容的分众性与粉丝社区的多元性。B 站的会员答题制度表面上收窄了平台吸引用户的通道，但保证了平台拥有一批较高质量的核心用户。B 站 2019 年第三季度报告显示，社区正式会员数量同比增长 46%，达到 6200 万人，并保持了超过 80% 的第十二个月留存率。一方面，这批核心用户拥有充分被挖掘的潜力，通过扶持与激励可以打造和培养出更多优秀的 UP 主，从而创作出更多优质作品、吸引更多新用户的加入。另一方面，这批经过筛选的核心用户都拥有一定的媒介素养，并拥有比非会员用户更多的权限和更高的话语权，不仅留存率高，而且他们的存在能够更好地维护整个社区的规则与秩序，保证整个社区的文明、稳定发展。

第二，用"节操值"规制社区成员行为。除了设置一定的准入门槛，B 站对社区用户的行为也进行了一定的规制。B 站的每个用户一经注册就拥有了自己的"节操值"，用户每日登录会增加 1 点"节操值"。用户在 B 站社区的不良行为，如发布引战、色情、人身攻击、血腥暴力等违规内容，都会使其"节操值"降低，"节操值"低于 60 的用户则无法进行发布评论、发送弹幕、发送私信等操作。同时，B 站赋予每个用户举报违规用户的权限，一旦发现有用户发布违规内容都能随时进行举报。一经审核确认，被举报用户的"节操值"将会减少，其发布的违规内容也将被下架。"节操值"的设置能够在一定程度上限制用户的社区权限，规制用户的社区行为，有效减少用户的违规行为，保持社区生态的健康稳定。

第三，内容审核维护社区内容生态。在B站上，用户投递的稿件全部需要经过工作人员审核并确认通过后才可以发布，禁止一切含有血腥、暴力、煽动、低俗等违规内容以及涉及侵权等违法行为内容的发布与传播，审核不通过的稿件会被退回，未通过的原因也会以官方消息的形式告知，用户可以选择按要求整改后重新投递以维护B站内容的文明与健康。把关人的作用和优势显现，有助于进一步优化网络环境，助力网站的长远发展。早期B站的内容审核力度较弱，存在着大量打"擦边球"的违规内容。2018年，下架App并整改过后的B站加强了审核团队的建设，并通过加强"风纪委员会"机制，发动用户进行自查自清，鼓励更多用户对社区内容进行监督以及对违规内容进行检举，以维护B站社区生态的良性健康发展。

第四，弹幕管理营造良好社区环境。为了更快速有效地解决用户的观看体验问题，B站在视频播放区提供了弹幕管理功能，大致可以划分三种维度的弹幕管理，满足不同类型的屏蔽需求：智能屏蔽向只需调整屏蔽程度即可上传B站的屏蔽池进行智能屏蔽，属于新手路人专用；按类屏蔽向是为保持最佳观感体验而屏蔽某些位置或某些属性的弹幕，属于对于观影要求较高的用户需求；适当调整向功能可以适当调整显示区域、字体、透明度等属性以保留所有弹幕，或通过自主添加屏蔽词、屏蔽规则来筛选部分不良弹幕，从而不错过精彩弹幕，属于弹幕重度爱好者的用户需求；专业调整向功能是通过添加屏蔽关键词、屏蔽正则表达式、屏蔽用户来进行更精准的弹幕屏蔽管理。

对于长线的引导弹幕生态建设，B站采用众裁的形式——"风纪委员会"来进行评定海量弹幕内容是否是良性内容。"风纪委员会"上线之后的确是以更快速的方式处理B站平台上很多恶俗不良的弹幕内容，使引战谩骂之风得以遏制。

6.4.3 知识分享特点及主体

（1）知识分享特点

①分板块分享。

B站的媒介内容采用三级分类法，将所有视频内容归到番剧、动画、生活、影视、娱乐、音乐等15个内容分区，同时还开设了直播、专栏、漫画等栏目，以满足各种用户的喜好以及媒介内容需求。每个分区下面又开设了多个小的分区，如影视区下包含"影视杂谈""影视剪辑""短片""预告·资讯"四个小分区。而第三级类别则是以标签的形式存在，所有带有同一标签的内容都会被归到相应频道中供订阅该频道的用户观看。UP主在投稿时需对自己的作品进行归类，找到与其对应的分区进行投稿，并带上与内容相关的标签，如此便于用户在自己感兴趣的内容分区或频道中快速找到喜欢的视频进行观看。B站对媒介内容如此细致化的分类可以为创作者和受众构筑各自的粉丝圈，让有着不同喜好的用户都可以找到属于自己的圈子。一个分区或一个频道就相当于一个小的社区，每个社区内的用户都拥有相似的兴趣或爱好，分享着共同的观点与喜好。这让爱好同一个分区或频道的用户拥有较强的集体认同感，有利于增强社区成员的黏性与归属感。

②动态分享。

B站的每个用户都可以发布各种内容到自己的动态中，不仅包含投稿的视频、文章和音频，还可以是日常生活分享、情感互动等与微信朋友圈类似的内容，甚至可以是从其他平台如微UP、抖音等平台上搬运、转载过来的内容或链接。而这些发布在动态上的内容都将推送至该用户的粉丝动态中，粉丝可对其关注的UP主发布的内容进行点赞、评论、转发等。因此，UP主发布的各种内容都将在第一时间推送至每一个粉丝的动态中，从而实现与粉丝的实时交流互动，有助于增强粉丝黏性。用户也可以将B站的内容转发到微信、微博等其他平台上，扩大视频等内容的消费者范围，实现与其他平台的对接。2019年5月13日，B站用户吴木木投稿了一个关于电视剧《巴啦啦小魔仙》的视频剪辑，短时间内引发模仿热潮。视频内容将电视剧《巴啦啦小魔仙》中人物游乐王子几句带有方言的台词片段剪辑下来，配上谐音的字幕，在网络上产生巨大影响。游乐王子的那句"雨女无瓜"（"与你无关"带有口音的版本）也被大家纷纷模仿，并做成表情包广泛传播。

③实时分享。

B站根据具体情况适时在用户首页中推出除直播、追番、影视之外的相应的专区，以满足不同时期用户的特殊媒介需求，如2020年1月，B站联合央视新闻推出"抗击肺炎"专区，该分区集纳了与新冠肺炎疫情有关的新闻报道、专题节目等，与疫情相关的用户自主投稿视频与专栏也都被推送至该专区供用户观看与阅读，实时报道病毒防控进展与举措，及时澄清谣言，并广泛宣传相关防护知识，以满足疫情期间用户对于疫情相关信息的需求。之后，在全国各地学生因疫情原因无法去学校上课的情况下，B站又推出"学习区"专区，提出"疫情宅家不添乱，B站学习不能断"的口号，该专区容纳各种类型的学习视频，为疫情期间宅在家里的用户提供大量免费的视频学习资料，以满足用户汲取知识的需求。B站在疫情防控的特殊时期，适时对内容结构进行调整，丰富用户的精神文化生活，同时满足主流话语的宣传与引导以及信息公开等需求。

④熟人分享。

在B站上，用户生产的内容越来越丰富，质量越来越高，一些普通用户甚至成为某一领域的专业人士，很多用户会成为这些专业人士的粉丝，而这些粉丝有可能继续带动身边的朋友观看，相互关注订阅的熟人社交圈日益形成，用户生产的内容也得以在熟人社交圈中快速传播，形成循环。

(2) 知识分享主体UP主

①UP主与粉丝的相互促进。

2019年9月17日，在B站正式发布当年第二季度财务报告后不久，财经类UP主"巫师财经"就上传了一期从资本市场成绩单入手漫谈B站及相关行业的视频。从数据中，他总结出了一种神奇的"化学反应"："B站以极低的成本吸引了非常高黏性的创作者和流量。"并将其简单化地表述为"我的用户创作了有趣的作品给我的用户看，然后我的用户又吸引了更多的用户成为我的用户。如此循环往复，B站用户数量越来越多，黏性也越来越强"。在视频发出的两个月后，B 站公布了截至 2019 年 9 月 30 日的第三季度未经审计的财务报告。报告显示，B 站的月均活跃 UP 主同比增长 93%，月均活跃 UP 主投稿量同比增长 83%，万粉以上 UP 主的数量同比增长 75%。活跃 UP 主创作出高质量的视频内容，高质量的视频内容吸引来更多忠实粉丝。忠实粉丝一方面激励 UP 主提高品质、增加产出；另一方面以一定比例转化为新生的 UP 主，用另外一种身份投入运行良好的生态循环中。

②UP 主是一般社区成员的虚拟朋友。

在 B 站里，来自学习区、生活区、游戏区等不同领域的 UP 主通过固定更新个性化原创视频，维系着大量活跃用户。凭借 B 站独有的弹幕文化，UP 主与用户之间能够超越时空束缚实现共时性的虚拟场景互动，这也是 UP 主的魅力所在——适度的距离感。在越来越强调个性化的虚拟网络中，个体的自我表达类似社会心理学中的"火车上的陌生人"（Stranger on the Train）现象，即把彼此视为远离现实生活的"陌生人"，进而认为可以将内心深处的想法袒露给虚拟空间的"陌生人"，通过这种脱离现实但又更加真实亲密的交流互动，彼此间建立起共鸣与信任。基于社交平台的距离感和虚拟性，陌生人之间的虚拟互动正在成为新媒体时代的新型交往方式。用户将视频 UP 主看作来自虚拟世界的朋友，正是这种虚拟化社交的直接体现。将视频中的 UP 主视作朋友的心理感知是移动视频社交时代"准社会交往"（Para–social Interaction，PSI）理论的全新表现形式。"准社会交往"也称为"类社会交往"或"拟社会互动"，由心理学家霍顿和沃尔于 1956 年提出，用来描述电视、广播以及电影受众与媒介人物发展出的单向关系，即观众会对其喜爱的媒体人物或角色产生某种依恋，把他们当作真实人物做出反应，并发展出一种想象的人际关系，与面对面交往有一定的相似性。从市场营销角度来说，Labrecque 将 PSI 定义为"一种幻想体验，使消费者与人物角色互动，好像他们在场并参与互惠关系"。社交媒体的双向即时互动和用户的相似性感知，都强化了"准社会交往"。用户通过视频关注与自己人格一致的 UP 主，伴随着 UP 主视频的定期推送，用户对 UP 主的"友谊"不断加深，进而将 UP 主视为可以信任和借鉴的"朋友"。

随着生活节奏的加快，信息的爆炸式增长，用户的需求层次逐渐多元化、深入化，跨越熟人关系的虚拟化社交变得越来越重要。拿微信来说，基于现实社交关系网络的朋友圈日益束缚用户的自我表达，促使越来越多的用户通过微信分组、"仅三天可见"等功能进行选择性呈现和区别化对待，并开始寻求新型小众的陌生人社交平台进行更加真实自主的互动。UP主与用户之间正是脱离现实人际约束，基于兴趣爱好搭建起来的虚拟社交圈。在这个虚拟空间里，用户将UP主视为远距离的朋友，进行更加真实、自由的互动交往。

③产生模仿效应。

从相似性吸引到虚拟化互动，用户对UP主的信任度显著增加。加之B站独有的弹幕互动形式，使用户体验到了更加真实、平等的互动交往，并逐渐对UP主的视频内容产生强烈的习惯性依赖，类似朋友间的陪伴感使用户逐渐期待像UP主一样的生活、学习和消费。这种期待或者追求的基础来自用户对UP主生活方式、观点态度等方面的认同，基于此，用户会根据自身条件有选择地将UP主呈现的部分内容引用到自己的现实生活中。用户的实际行动，完成了"从线上到线下，从互动到行动"的全方位渗透。在视频中，UP主根据自身风格定位，呈现出一个个由兴趣爱好、生活方式、日常动态搭建起来的场景化个人空间。以B站上最近流行的Vlog视频风格为例，Vlog即生活记录（Video Blog）视频，来自不同领域的UP主，在视频中展现自己的日常生活片段，如起床吃早饭、出门前化妆等。正是由于场景的日常化，使用户很容易将UP主的生活与自己的生活相联系，进而被带入特定的场景，逐渐产生"购买跟UP主一样的产品，像UP主那样生活"的心理。

④对UP主的创作激励。

B站是一个以用户自制内容为主的视频网站，相比于商业化的专业机构生产的内容，UP主的原创内容占比更大。作为B站最核心的资产和驱动力，UP主及其自制优质产品对于B站来说至关重要。只有创作者在B站能依靠自己的媒介产品获得持续的收益，才能保持创作的积极性、提高作品的质量，从而保持B站整个内容生态的稳定与良性循环。为了更好地鼓励UP主，B站已逐步建立起日益完善的扶持体系及上升通道。

充电计划：2016年1月，B站推出"充电计划"，用户的打赏将会在扣除一定成本后归UP主所有。在该计划下，用户可以对喜爱的UP主进行"打赏"，通过投送"电池"的方式支持喜爱的UP主。加入"充电计划"以后，没有商业元素的自制视频页面将显示"充电面板"，帮助原创UP主获得"充电电池"，获得的"电池"越多，实际收益就越大。"充电计划"能够提高UP主的原创积极性，一定程度上减小UP主的经济压力。同时，"充电计划"帮助UP主建立了一种与粉丝的新型互动关系，有利于发展高黏性的粉丝群体，维护健康的UP主生态圈。

创作激励计划：为了减少UP主在内容创作上的成本与压力，扶持和激励更多优秀的UP主创作出更加优质、贴合主流价值观的原创作品，B站于2018年2月1日正式推出了"bilibili创作激励计划"。针对UP主创作的自制稿件从内容流行度、用户喜好度和内容垂直度等多个维度指数进行综合评估并提供相应收益的计划，成功加入计划后，当UP主新投递的原创且符合计划规则的单个稿件满1000次播放量后，就能获得激励收益。2019年3月，B站发布针对站内低创内容处理规则的公告。随后，B站升级了"bilibili创作激励计划"规则，增强对"低质内容"的处理。2019年7月，B站进一步更新了"bilibili创作激励计划"申请条件。截至2019年第三季度，已有16万名UP主从"bilibili创作激励计划"中受益。这一"bilibili创作激励计划"与2016年推出的"充电计划"不同的是，UP主通过该计划所获得的收益全部由B站方面提供。该项计划的推出进一步激励了用户创作出更多优秀的内容，提升了整个社区的内容生态。

投稿活动：除了"充电计划"与"bilibili创作激励计划"之外，为了激励更多UP主持续创作出优质的作品、保持创作热情与积极性，B站经常适时推出相关投稿活动，尤其在特殊节假日期间，以瓜分赏金、B站大会员、头像挂件等为奖品吸引众多用户参与来完成和达到相应的投稿主题和数量，刺激B站粉丝作品的产出。如B站于2020年1月推出了"新年不咕打卡挑战"活动，活动提供了"特效拍摄挑战""宅家Vlog挑战""游戏练级挑战""影视鉴评挑战""爱豆安利挑战""全能打卡挑战"共六个涵盖各个方面的打卡主题，只要参与的 UP 主在 2020 年 1 月 17 日至 2 月 16 日任选其中一个主题进行投稿，就能获得春节限定头像框，投满 5 个稿件可以瓜分 66 万元奖金，全部稿件满 50 个赞可获得 B 站月度大会员。这一活动激励了大量过年"宅"在家里的 UP 主进行创作与投稿，使春节期间 B 站的投稿量大幅度增加，整个社区生态充满活力。在全国新型冠状病毒肺炎疫情防控的特殊情况下，B 站于 2020 年 1 月推出"抗击肺炎大作战"活动，选择以"抗击肺炎大作战"标签进行投稿将会获得双倍收益。该活动鼓励更多 UP 主用自己的方式声援武汉，为抗击肺炎贡献自己的一份力量，目的是在青少年中形成积极向上的"抗疫"主流话语引导。

6.4.4　B 站价值共创模式

B 站社区用户参与价值共创成功地为企业带来品牌价值的原因有以下三点：一是 B 站秉持的"不划分核心与非核心用户"管理理念，将用户的参与契合度置于首位，为保留旧用户与吸引新用户参与价值共创打下了坚实的基础；二是 B 站对新产品的宣传与投放流程都会夹杂大量的用户问卷，保持与用户的互动不间断，力求第一时间得到用户的参与反馈，完美契合用户参与虚拟品牌社区价值共创理念；三是 B 站在成立至今的十年间围绕用户所成立的虚拟社区吸收了大量热度，同时积极鼓励用户参与创作，实现价值共创。

B 站的特色是悬浮于视频上方的实时评论功能，爱好者称为"弹幕"，让其成为极具互动分享和二次创造的虚拟文化社区。B 站抓住了二次元在早期不被社会普遍认可的机遇，建立了社区吸收了大量的二次元用户，为他们提供认同感，获得了最早期的用户基础。作为和 B 站一路互相扶持的用户对该品牌的忠诚度是非常高的。随后，通过 B 站自身的广告宣传和元老级用户的口碑传播使 B 站获得了巨大流量并进行各类线下聚会、组团旅游、线上流量分成、游戏代理等各种商业活动并成功盈利。但是，B 站最具特色的是被称为 UP 主的进行个人内容视频创作的用户。知名度极高的 UP 主多为最早加入 B 站的会员，他们原先也只是普通的用户，但因为渴望获得认同的情感使他们开始了创作，如今他们是 B 站各板块流量的保证，在获得社区奖励分成的同时也开通了做电商、接广告等一系列流量变现的运作。

得益于 B 站社区与用户间的紧密联系，B 站的营收持续着非常惊人的增长势头。调查显示，B 站的会员制度角度新颖，它并不建立于金钱的直接充值赠会员籍制度，而是由精通各领域的员工设置题库并进行在线答题的形式来确定是否给用户注册会员籍。该种方法筛选出的优质用户群使 B 站社区的提升可以从各方面获得助力。而这批优质用户所拥有的深度娱乐属性也会影响到身边的环境，可以吸引大量持观望态度的潜在用户，并将他们同化为社区的一员，为日后不可预见庞大的用户群体埋下了种子。拥有群众基础的 B 站不忘初心，更加热衷于与用户的互动。例如，在 B 站考虑向已有产品的竞品进行投资或者是对新的领域进行开发之前，都会非常重视用户的想法，其对用户发放问卷的行为不仅积极而且内容充实，使用户本身参与价值共创的欲望被激发并得到释放。2016 年和 2017 年，营收额的大幅度提高虽然得益于 B 站运营眼光的毒辣，选择了代理《碧蓝航线》与 *Fate/Grand Order* 两款硬核手游并取得了成功，但是背后也离不开各板块用户在虚拟社区中的自发宣传和在现实社区中的不断安利。这两年 B 站的成功也是真正意义上的用户参与价值共创所给品牌价值带来的最直观的影响。

从 2018 年起，B 站以一系列回馈性质的项目来奖励与鼓励积极参与价值共创的 UP 主。对于已经获得成功并且拥有大量粉丝与流量的 UP 主给予经济奖励与荣誉象征，同时也为新人 UP 主搭建通道、提供机会。各板块的独有内容所构成的大同小异的文化将虚拟社区与用户真正联结在一起，形成了统一的社区文化。"内容质量优先、创作优先、粉丝对于 UP 主的正向激励反馈"，正是这种统一的虚拟社区文化，才让 UP 主积极参与与 B 站的价值共创。

6.4.5 B 站虚拟社区的效果分析

广度与黏性既是虚拟社区良性循环最主要的两项指标，也是吸引大量潜在用户加入其中的重要原因。广度可观，意味着 B 站有足够多的用户。他们既能推动和保证原本深耕于亚文化的网站走向大众化、商业化，在重大社会事件发生的时候及时做出反应，不对外界充耳不闻；又能依靠自身的多样性，促使它容纳更加多元的分众文化，让更多的人能在此处自得其乐。黏性够高，指的是 B 站的用户足够忠实、足够资深。忠实代表认同，代表商业逻辑上的品牌认同和文化逻辑上的身份认同。资深则代表介入的程度更深，代表闻弦歌而能知雅意，代表有对特定现象做出深度反馈的能力。以"二零一九最美的夜"而不是以卫视的晚会取得成功为例，商业逻辑上的品牌认同，即在面对同类产品时，用户会更倾向于选择熟悉的 B 站，因为知道彼此已经足够了解，信赖对方明白自己的喜好，且有能力制作出自己喜欢的东西。此外，用户的资深则和节目效果的上限相挂钩。只有当一个人深深地沉浸于某种文化、某些记忆时，他才有可能被完全触动，而不只是礼貌性地笑笑或是附和着去叹气，消耗了时间，情感却没挥洒出去。

在此基础上，广度与黏性之间还会进一步发生反应。在 B 站 2019 年第三季度财务报告中，与广度有关的数据是 1.28 亿个的月均活跃用户、3760 万个日均活跃用户等，与黏性有关的数据是 83 分钟的用户日均使用时长、7.3 亿次日均视频播放量和 25 亿次月均用户互动量。可以预见的是，在经历了新冠肺炎疫情暴发导致的"全民宅家"时期后，这些数据还会有相当可观的增长。它们放在财报里边，是最漂亮的成绩，能使 B 站成为实打实的优质资产，令各路资本对它增持仓位或调高评级。回归生活、复原场景，这些冰冷数字则是广大用户群体中的一个个人，是你、是我、是他，在每天 24 小时中的任意一个时段，不约而同地打开 B 站观看视频、参与互动。这一切好像发生得悄无声息，但每一个人的每一次点击、喜爱、收藏、投币，都在源源不断地通过人类肉眼无法看见的信号汇集。这个视频，你点开看了它不足十秒就关掉退出了；而那一个，你在某月某日某时某分，将它反反复复地看了好多遍。这个 UP 主，你很早就点了他的关注，每天都会在动态里看他是否更新；而那一个，你在无意中看过好多次他的作品，但每次都只是看过而已，最多看完感叹一句"这个 ID 有些眼熟"……所有这些看似微不足道的举动，最终会汇聚成大众的热爱本身。

6.4.6　B 站虚拟社区的不足

（1）UP 主两极分化

尽管 B 站先后推出了"充电计划"与"bilibili 创作激励计划"对创作者进行扶持与激励，但从目前来看对于创作者的帮助仍旧有限，UP 主通过创作在 B 站获得的直接收益还是较低。拥有较大粉丝基础的创作者尚且可以通过广告的方式获得较高收益，但在整个 B 站 UP 主中仅占小部分。从 2019 年全年的播放量、粉丝增长量等数据来看，B 站不同分区现状迥异，并且其差距会进一步拉大。例如，生活区这样准入门槛较低的分区，以及游戏区这样与视频形式极为贴合的分区收割了更多增长期的红利；而音乐区、历史区等，或因市场上存在较为强力的竞品，或因内容过于小众等原因在数据层面敬陪末座。大部分新加入的和"草根"层面的创作者没有足够的粉丝基数，能够获得收益的方式有限，通过创作直接获得的收益也难以维持创作优质作品的成本，只能凭着喜爱维持下去。这使得在马太效应的作用下 UP 主两极分化越发严重，大部分"草根"作者难以出头，不利于 B 站社区生态的可持续健康发展。

（2）社区成员范围狭窄

社区成员无法大众化是由于 B 站在 ACG 文化方面过于突出而没有平衡每一个板块之间的关系，造成了短板效应。B 站最初源自日本的"NICONICO 动画"，其主要用户群体多为喜欢二次元文化的年轻人，导致其主流客户群体较少，受众范围狭窄。而抖音、快手的用户则是全年龄段的受众群体，全年龄向大众群体都可以根据视频内容在抖音或快手上找到与自己相似或相同喜好的作品。针对这一问题 B 站选择板块重组，大量引进各种电影、电视剧、纪录片等产品，然而效果并不显著。B 站想通过直播的方式吸引大量观众，但直播方式也受到 ACG 文化的影响。B 站选择与更多品牌进行合作，如淘宝、微软、小米等；还与国外相关企业合作开展手游及举办各种跨年晚会。但是很多企业都是因为事先认定了 B 站的 ACG 文化特色才选择与其合作，B 站的主要社区成员仍是二次元文化群体。

B 站社区成员范围的狭窄使其传播内容与范围无法得到更好的扩展，因此，面对其他视频软件的飞速发展，B 站必须延展自己业务范围并拓宽受众群体，才能使自己更好地发展。

（3）知识分享涉及侵权

B 站在建设初期翻译体系不够健全，只有很多野生字幕组，经常出现将外网上没有授权的视频进行翻译后就直接发布在B站自己网站上的现象。其中，包括有些番剧在没有授权的情况下就进行传播甚至可以下载且不收取任何的费用，随着相关方面版权意识的逐渐加强，B站就曾多次因侵犯版权问题成为被告。2014—2018年，B站被多家网站相继提起诉讼，理由是未经允许和版权授予擅自播放视频，因此被卷入多场侵权风波等公共关系危机事件。以上多种侵权事件的发生，导致B站的股票市值大跌。B站必须认识到版权问题的严肃性和权威性，在自己增强版权意识的同时，也要维护作品的原创平台。

（4）ACG不良文化与竞争降低社区体验

因为ACG文化中存在的某些少儿不宜内容对青少年产生了一定的负向影响，所以B站遭到来自央视及社会多方面的批评，这些问题使B站在口碑以及评分上都受到一定程度的影响。国内ACG文化最初是从日本动漫文化衍生过来的，在国内发展的时间不长，也意味着我国当前阶段ACG文化还不够成熟，由于普通受众对ACG文化了解渠道较少，导致B站在引进其他内容时，很容易被ACG群体所抵制从而使其失去部分用户。近些年，随着ACG文化的逐步盛行，其他主流的视频网站也开始大量购买番剧和漫画版权，不断侵占ACG文化市场。B站的竞争对手已经由原来的AcFUN网站变成了主流视频网站。B站在面对如此强大对手的竞争环境中如何保持自身的特色与良好的营销策划优势，就成为重中之重。

B站弹幕网鬼畜频道的作品，一般是通过配乐与剪辑形成一种强烈的视觉与听觉效果的二次创作，但因为其中一些恶搞视频的制作内容涉及人身攻击的成分，因此对B站的口碑有很大的负向影响。不仅如此，B站也深受盗版网站的侵害，盗版视频网站的盈利甚至是原创视频的几十倍，这种不良竞争在一定程度上减少了B站的会员用户需求。随着B站的规模逐步扩大，很多营销号的加入导致B站的视频质量随之下降，因为很多营销号的视频都是没有经过授权而只是截取一两分钟的片段然后后期加上音乐和配音，以骗取点播量与粉丝数。用户数量的突然暴增优劣参半，优势是更大数量的群体了解并成为忠实群体；劣势就是观看视频的人增多从而引发不必要的争执，导致受众观影体验逐步下降，用户忠诚度也不断下降，因此造成一定程度的负面影响。

6.4.7　B 站虚拟社区的改进建议

(1) 缓解 UP 主生存压力

从 B 站的社会价值来看，1.3 亿月活跃量和 100 万月均活跃 UP 主，初具规模。这个规模的维系纽带必须从纯粹兴趣或者年少无知，升级到谋生、维生的层面，才能沉淀、稳住。不能带来持续稳定收入的平台，就无法留住 UP 主群体，也就无法留住他们为平台维系的粉丝群体。B 站要努力解决这个生态问题，利用细分知识分享的分区给更多 UP 主发展的机会，借助完善 UP 主的激励与补助机制缓解 UP 主的生存压力。当然，发展好平台，引入更多资金流，可以为 UP 主的稳定收入提供强大的后盾。

(2) 扩大社区成员的范围

B 站离不开 ACG 文化，但也不能故步自封，应在不偏离 ACG 文化的同时最大限度地对自身推出和上传的 ACG 文化特色产品进行二次加工。B 站要根据自己差异化的产品定位来挖掘自身的特色，并且随时根据市场变化调整营销策略，将自己的定位不断深入人心，以发展并提高自身用户黏性，并将潜在用户发展成为忠诚社区成员。与其他视频网站相比，B 站的 ACG 文化生态更趋于成熟，因此应逐渐形成其独具特色并有利于自身良性发展的完整产业链条，从而使 B 站在拥有众多文化社区和吸引大量用户的同时，不断增强其体验以增强社区感。

首先，在 Web 2.0 时代，B 站还可以通过大力扩展 UGC 社区以吸引社区成员沉浸其中并找寻自己的归属感，强化以自身特色优势的同时，注重关注广大成员的心理需求，持续开发出新的产品并不断拓展其功能及应用，以适应社区成员心理需求发展的需要。

其次，B 站在游戏的营销方面一直都很有优势，也是其资金来源的重要途径，尤其是在 2019 年 12 月拿到 S10 至 S12 的英雄联盟独家直播权后，三年的独家直播版权足够让更多游戏玩家了解 B 站，这样就使 B 站获得了一个难得的获客良机，从而可以有机会获得一大批新的忠实社区成员，也会使老成员对其更加青睐。

最后，B 站还可以在直播方面提升技术支持，让社区成员在拥有良好视觉体验效果的同时,也建立直播快捷方式让社区成员使用起来更加便捷;另外,还要设置禁止未成年人打赏行为的门槛,以增强企业的道德责任感和口碑。此外,大数据时代下B站应充分利用人类社会的高科技成果为企业发展服务,比如,可以根据社区成员搜索视频内容的类型做好大数据分析,然后对社区成员进行科学化及个性化推送等,这样才能吸引到更多成员的关注,从而不断拓展B站的社区成员群体覆盖范围。

(3) 加强版权意识

B站之所以多次陷入版权危机,最主要的一点就是因为其版权意识不强且监管机制不够健全,主要表现为日常管理工作不够规范,没有很好地保护其平台上传产品的版权。因此,B站一定要加强自身审核机制,严查盗版以及侵权问题,并且通过举报奖励机制鼓励公众一起来监督,一旦发生版权纠纷事件,B站应该选择第一时间下架视频。现在,B站视频中的原创视频占据大多数。鉴于曾经为履行对用户承诺而失去一些版权番剧的情况,B站现在选择拿出大部分资金用于购买正版番剧。B站不仅购买番剧而且购买大量动漫,与此同时还收购了网易漫画,拥有2万部漫画的使用权。但这还远远不够,B站也要扩展电影和电视剧板块,发展属于自己的字幕组,保持原创内容适时更新的运作优势。一个视频网站能够持续良性运营的基础是尊重版权,同时也是其自身竞争力的一种表现,任何依靠盗版的企业都注定不会有良好的发展前景。保护每一个原创视频内容的权益,是B站作为一个视频网站的责任和义务,在这方面所有企业都应该进行更多的自我约束与管理。因此,B站加强自身的审核机制以及大量购买版权是一个明智的选择,这样做的同时也保护了自身的原创权益不受侵犯。

(4) 增强品牌独特性

在增强品牌独特性方面,B站应该在以往发展的基础上继续努力。B站有自己独特的文化特色,因此可以将自身的品牌文化不断发扬光大。B站可以利用成员对ACG文化的喜爱,不断开发出更多原创品牌的新产品,从而推动二次元产业的不断发展,这样也能带动相关产业链的良性运转,促进ACG文化的良性传播。我国ACG文化不够成熟,这正是B站发展的良好时机。并且，B 站还可以通过多种渠道对其自身生态文化进行推广，例如，举办 BML（B 站大型线下演出活动）等众多活动，在各大平台进行宣传，加深人们的印象，让更多的人来了解这个原本小众的圈子同时引入资本，资本的引入不仅可以增加商业利益，同时也可以带来新的灵感。当然，对于一个视频网站的产品来说，最主要的是要拥有正能量的核心内容，这样才可以不断提升视频质量，增强品牌价值，B 站要利用自身文化提升品牌建设。

（5）加大管理提升社区成员体验

B 站的社区成员体验需要不断优化，因为大量不良营销号的出现引起用户的反感。基于此，首先，B 站应该彻底清理不良营销号，并且对其加以不可再次注册等惩戒；同时应设置年龄限制，加快实名制的认证，这样不仅可以避免未成年人过度沉迷网络，也可以优化弹幕以及评论质量。其次，B 站可以将首页设置成自定义模式，加强个性化推荐，保护成员隐私的同时加强对安全措施的管理和实时监督。最后，B 站要增强内容原创性。B 站可以通过举办比赛等活动促进各大 UP 主之间的良性竞争，让视频内容具有创新意义，UP 主之间的竞争同时也造就了 B 站的用户黏性。虽然快速发展很重要，但是决不能以降低社区成员体验为代价。只有重视社区成员体验，并不断在营销和管理等方面努力，才能在激烈的竞争中获得成功。

6.4.8 B 站虚拟社区运营的启示

（1）适度控制

B 站社区利用用户自主生成视频进行知识分享取得了良好的效果，给现代企业经营虚拟社区带来了启示。

在品牌社区管理中，企业的过度控制已成为常态。品牌社区的管理者往往将公司利益置于客户利益之上。但品牌社区不只是公司资产，因此控制是一种幻想。过度的社区商业信息推荐反而造成消费者的心理排斥与反感，更不利于品牌价值观的有效传递，结果往往适得其反。但是放弃控制并不意味着放弃责任。有效的品牌管理者会以社区创造者的身份参与，通过创造可以蓬勃发展的条件来培育和促进品牌社区的建设。

同时，开放性的创新环境是一把双刃剑。我们看到 B 站也在社区规范中下了很多功夫。尽管品牌社区已经有相对完善的社区规则，平台仍需要进行大量审核来稳定整个社区参与的局面。企业在品牌社区的参与中，需要谨慎地使用官方或者品牌身份，代表品牌发言时，需要以非正式、适度口语化、人性化的语音参与到品牌社区的消费者互动中，营造与社区成员更加平等自由的沟通氛围。

（2）利用高质量内容实现留存

B 站利用其精彩的内容营销、独特的文化输出获取了大量的忠实用户，对于虚拟社区如何留存用户有启发作用。

在用户注意力成为稀缺资源的时代，要想更好地吸引和连接社区成员，离不开有价值的内容传播。品牌内容的稳定输出，能够成为社区活跃氛围的催化剂。根据 Smart Insights 2017 年对全球 2352 家品牌商的调查，有 20.3% 的品牌商认为内容营销在 15 种常见营销技术中是最有效的，内容营销已持续三年在该排名中占据前三。内容营销不仅让用户感觉到品牌在卖产品，更重要的是附带的情感价值。社区成员最终除了对产品的需求，还有对品牌情怀和文化的买单。因此，虚拟社区的运营需要重视社区内知识分享的质量、严格把控内容输出。

（3）意见领袖软性宣传

UP 主即 B 站社区的意见领袖，也需要通过广告维持生计，但是基于 B 站曾对用户许下了永远不加视频前贴片广告的承诺，使社区成员对广告的容忍度极低。B 站的意见领袖采取了软性宣传的方法，对企业构建虚拟社区分享知识有一定的启发意义。

在 B 站，进行品牌营销的主体通常是拥有一定量级粉丝流量的意见领袖，他们需要制作精良、信息充足的视频来满足广告主宣传的要求，同时又要与粉丝互动，得到粉丝的谅解来减少广告对影响力的削弱。比较硬性的广告宣传在 B 站几乎得不到认同，容易遭到粉丝的反感。而软性的宣传，通常具有以下几种方式。一是意见领袖向粉丝表达歉意，进行广告宣传只是为了维持自己的创作和生活。二是通过将推广宣传娱乐化来减小粉丝的反感程度。三是强调自己的消费者地位，与粉丝拉近距离。四是对产品进行严格的把关，来减少产品问题导致的信任危机。五是通过抽奖活动,将产品作为奖品赠送给粉丝,增强粉丝的好感和对该意见领袖的黏性。同时,由于粉丝对意见领袖创作的喜爱,通常会对视频中出现的广告宣传抱以接受的态度,这种喜爱出自意见领袖与粉丝的互动,以及对粉丝娱乐需求的满足,并且在科技、生活、美妆、美食等领域,粉丝会要求某位特定的意见领袖给出不同产品的测评,进而做出购买决策。

意见领袖的品牌软营销需要建立在自身的影响力与风格不会受损的情况下,并且需要和粉丝进行情感上的沟通以及抽奖等娱乐化的营销模式,这种带有"安慰剂"的营销模式是意见领袖所特有的,并且是在当前互联网时代能够被广大用户接纳的流量交换法则。

6.5 海狸先生

6.5.1 海狸先生品牌简介

(1)海狸先生的创立与发展

①海狸先生创始人陆宁。

陆宁从大连海事大学毕业后,先后为黑莓、平安保险、辉山乳业等知名企业提供电商服务,长达10年的工作经验让他拥有了更高的起点。然而,在事业上升期,陆宁却毅然走出舒适圈,开始了全新的创业路。谈及创业的初衷,陆宁表示:"大连的海鲜全国闻名,但市面上的大连海味零食太过严肃、口味缺乏创新,对我们新一代年轻人来说总感觉差点劲儿。我想把口味创新、技术、快乐糅合起来,做一件有突破的事情。"即食海鲜品牌海狸先生由此诞生。

2011年,陆宁被阿里巴巴"创赢中国"评为中国"30强精英企业家"。他创立的海狸先生获得了第十届中国品牌节大连十大电商品牌、第二届大连农产品展销会最受欢迎农产品、2015辽宁特色产品采购会消费者喜爱的十大品牌等一系列荣誉,成为海洋休闲零食细分领域的领导品牌,销量遥遥领先,深受年轻人的喜爱。

为更好地抢占海洋休闲零食行业市场,提升品牌优势与竞争力,陆宁专注于海洋休闲零食细分领域，打造海狸先生品牌，依托整体市场环境和消费需求，以"内容驱动型+粉丝驱动型"方式进行研发和口味、包装升级，致力于把海洋更安全、更优质的食材，以更美味的方式呈现给消费者。

谈及未来的发展目标，陆宁表示发展创新永无止境，把握机遇、专注细分领域尤为关键，海狸先生将继续专注于海洋休闲零食细分领域，专注、专业、让海鲜健康更多人，这是海狸先生的核心定位，也是品牌发展的最大特色。

②两次踩"坑"，终迎成功。

2017年，海狸先生开始进行鱿鱼类产品的创新研发，鱿鱼作为海鲜零食品类中最大的单品，整个海鲜零食市场规模1000亿元，鱿鱼占到200亿元。当时主推了鱿鱼仔、风琴鱿鱼等三款产品，通过运营手段和粉丝加持，短时间内把创新单品鱿鱼仔推到了淘系同类产品的第二名。

正当销量斐然时，让所有同行措手不及的是，国际市场鱿鱼原料开始疯狂涨价，一时间竟涨至四倍还多，产品利润被吞噬殆尽，导致持续亏本销售且越发严重，出现"卖一单亏一单"的严重损亏。当时的海鲜零食行业，所有以"鱿鱼"为主线产品的品牌几乎命悬一线，在2017年、2018年前后，很多专攻鱿鱼产品的品牌因此倒闭。原料市场涨价不止，最终海狸先生被迫将鱿鱼类产品下架。踩过第一个"坑"，眼见团队士气低落，陆宁又在"伤口"上撒了把"盐"。为了抑制亏损，陆宁采取"激进"策略，拓展了100多个渠道，而大多数平台生命周期太短导致坏账。两次"踩坑"，曾让公司一度面临财务危机，最艰难的时刻陆宁卖掉了自己的住房，老员工自愿降薪50%，与公司共渡难关，陆宁靠着对这个行业的未来预判和大家的信任与坚持，最终挺了过来。

有了前车之鉴，基于以往在供应链和资金链上的经验，陆宁再次调整策略，考虑如何提振业务并规避风险。2018年，陆宁做出策略上的三点调整：充分考虑上游原料稳定性；渠道收缩；重启直播短视频。新策略之下，海狸先生顺应年轻人的喜好和需求，继续进行产品品类创新，将海苔和芝麻、巴旦木等坚果结合且不加盐，率先推出不加盐"海苔夹心"，相较于普通海苔，海苔夹心在口感和口味上都有很大的提升，而坚果类和海鲜类食材结合更符合宝妈们追求健康化零食的需求。另外，海狸先生持续加码直播短视频内容电商，全系产品开启直播带货新模式，主推新品"海苔夹心"，短短几个月即成为网红单品，海狸先生逐渐占据了消费者对海苔夹心新品类的品牌心理认知，"海苔夹心"成为海狸先生第一款消费者广泛认知的代表性产品。

2019 年，直播带货的兴起，带来了强大的转化率和流量红利，海狸先生很快重新抓住机遇与薇娅、罗永浩、林依轮等众多网红、明星主播建立合作，借助网红、明星带货主播的超高人气流量，快速在用户脑中建立起品牌认知。推出的海苔卷、鳕鱼片、墨鱼片等产品都产生了爆品效应，鳕鱼片淘系销量持续保持第一的位置，累计销售突破 500 万袋，海苔系列全网各渠道销量均稳居 Top3，淘宝海鲜零食品类里，海狸先生居 Top5。

（2）海狸先生的品牌策略

①品牌是时代的产物。

电视时代，一批利用电视广告轰炸的品牌，比如脑白金、蒙牛，强势占领用户心智。淘宝、天猫、京东时代，一批善于抓取电商流量的品牌，比如韩都衣舍、阿芙、三只松鼠……被称为淘品牌或猫品牌、狗品牌。而起步于 2016 年，完善于 2018 年，起飞于 2019 年的直播电商时代，也正在孵化一批直播新品牌，被称为抖品牌（抖音直播生态孵化）、快品牌（快手直播生态孵化）。

海狸先生品牌诞生于 2015 年，作为一个充满活力和激情，坚守健康和美味的新兴品牌，其致力于打造符合现代生活需求的健康海鲜零食产品。2019 年，海狸先生全年销售额 4288 万元，2020 年预估销售额将达 1.5 亿元。一个直播新品牌正在崛起。

②抓住巨大"海味"市场。

在休闲零食市场细分的大环境下，2020 年海鲜类零食市场已达成千亿体量。此前，已经有不少零食大牌如三只松鼠、来伊份、良品铺子等企业纷纷加入赛道，"海味"市场依然还存在巨大的上升空间。

随着中国人健康意识的增强，人们对于优质蛋白的追求更加迫切，而海洋蛋白的价值与动物蛋白不相上下。有数据表明，31% 的中国消费者将"高蛋白质的"与健康零食联系在一起,海鲜类零食具有的高蛋白、低脂肪优势,恰恰符合当前国内消费者倾向于健康、营养、安全的消费趋势,"海味"零食已成为未来休闲食品的一个重要需求增量。另外,从供给端角度看,动物蛋白的增长毕竟存在限度,因此在市场高需求的要求下,海洋蛋白是一种不错的"替代品"。

大众印象中的海鲜零食,很大程度上是作为"地方特产"的角色存在的,以"一次性消费"为主,因此无论是产品品质,还是设计包装都无法与专门的零食品牌相比,也很难使消费产生复购行为。但是,海鲜零食并不是不受欢迎、不受关注,高品质的海鲜零食是顺应市场需求的商机,在消费升级的趋势下,成为传统零食品牌乃至新品牌选择的绝佳领域。

随着国外高端海鲜零食入驻线下便利店,这一市场的潜力也被发掘和放大。事实上,国内的原材料供应、食品工艺、供应链管理与国外相比不相上下,甚至国内的工厂设备更先进,缺乏的只是整合优质的海产品加工以及供应链资源的优秀品牌。

"庞大的存量和未来增量市场足以证明这一赛道的潜力,抢先进入这一赛道的品牌有机会成为市场教育者和行业龙头。"陆宁说道。目前海鲜零食品类,尚无占领用户心智的第一品牌,海狸先生在海味零食领域深耕细作了5年,作为最早一批入局此赛道的品牌,正在迅速崛起。

③差异化定位。

海狸先生的品牌战略十分清晰——伴随着食品工艺和生产标准的升级,只有让品牌具备差异特质,才能在同质化的市场中崛起。虽然众多零食品牌都在往"海味"零食品类发力,但是没有一家把"健康"作为核心理念,海狸先生以"海味健康零食"品牌定位作为核心竞争力,率先提出"二减二加"的产品原则,减掉防腐剂和添加剂,加入对品质的苛求和体验的打磨,让海狸先生的每一款产品都更美味健康,不仅更好地满足年轻消费群体的健康需求,也为整个行业树立起应有的健康理念。

品牌定位上,海狸先生在品牌、消费者、场景三个维度做了比较明确的规划。海狸先生切入海鲜零食品类,定位于"健康"食品,目标消费者是3~12岁孩子的妈妈,而她们的身份不仅是"宝妈",还是"家庭主管",掌握着消费大权。因此，她们在选择食品时除了考虑是否好吃外，更关注食品的成分，以及对人体是否健康。承接家庭消费场景，海狸先生"用做宝宝辅食的方法去做成人食品"的品牌理念，可以营造家庭饮食的分享场景，占据消费者的心智。

随着消费升级，健康消费理念深入人心，海狸先生的品牌定位可以满足消费者需求，也基于健康的定位采取了一系列措施。海狸先生严格把关产品原料的选取，确保口口都是真材实料，在保留传统海鲜属性同时，最大限度保留海鲜的本味，利用现代生产工艺对口味、口感等做出创新，突破海鲜固有腥味、口味单调、原料单一等局限，让海鲜零食打破地域和保鲜限制，拓宽消费场景，走向全国，让各大电商平台的热门零食品牌和爆款单品中都有了海狸先生的身影。

④打造优质产品。

海狸先生在产品上的迭代相较于同行业是"相当慢"的，在产品研发上与三只松鼠、良品铺子等截然相反，实行"求精不求量"的战略。每个新品平均开发周期120天，特殊工艺的战略级产品开发周期更长。在选品策略上，为了找到健康和口味之间的最佳平衡点，每款新品上线之前通常需要经过几十次甚至上百次反复测试、调整，每个季度上新6款，根据数据反馈情况将酌情淘汰2~3款；所有产品都需要在线上销量稳定6个月后再进入线下渠道产品开发流程。陆宁表示，出于收集到消费者对产品的反馈数据的考虑，不能容忍任何一款产品没经过内测、公测等测试环节就贸然上市。

海狸先生成立5年来，一直有一批"挑剔吃货"在追随，他们来自天南海北，通过互联网与海狸先生结缘"以吃会友"，新品上市前必须要通过他们的嘴，甚至包装设计也有采纳他们的想法。

在迭代自己的产品方面，海狸先生像迭代互联网产品一样，注重消费者的数据反馈，每个季度上新的产品根据数据反馈情况酌情淘汰。海狸先生关注两种反馈数据：一种是通过平台大数据展示消费者的"行为数据"，加购数、转化率、复购率、好评率等；另一种是"感性数据"，判断产品的好坏不仅仅是通过冷冰冰的消费者行为判断，还要对复杂的消费者心理、情感、喜好等做判断，销售数据只能告诉企业产品是否受欢迎，却无法告诉企业消费者喜欢或讨厌的理由是什么。近乎严苛的产品研发、迭代流程，确保了海狸先生每一款产品的高品质和好口味，为品牌爆发积蓄了足够的能量与能力。

⑤借助直播短视频宣传。

早在2016年，海狸先生便开始接触直播。作为东北地区领先电商代运营公司骑迹传媒创始人，陆宁不仅与淘宝、天猫等有长期合作关系，更是最早进入直播领域的一批企业。彼时，"头部"主播薇娅刚刚入驻淘宝直播平台，那时起，陆宁便开始了与薇娅等主播的广泛合作。

作为较早进行直播带货的品牌，海狸先生的策略也更为明确——与"超头部"主播合作，兼顾"头部"和"腰部"。直播并不仅仅作为简单、高效的销售手段，海狸先生也开始在直播间进行品牌的传播。例如，2020年，海狸先生与罗永浩直播间合作，凭借罗永浩的个人魅力来提高品牌话题度和声量，增强消费者信任度。海狸先生紧抓机遇与众多网红、明星主播建立合作，借助主播的超高人气流量，快速在用户脑中建立起品牌认知，新推出的海苔卷、鳕鱼片、墨鱼片等产品都产生了爆品效应，而成功买到这些网红爆款零食的消费者在社交网站上"炫耀""分享"，引发二次传播，继而引发粉丝效应，让海狸先生持续吸引大量关注而迅速爆火。

除了直播之外，海狸先生在短视频、跨界合作等领域的布局也令品牌成功出圈。就短视频来说，海狸先生主要针对母婴、吃货等场景进行投放，且重点选择"腰部"KOL及素人，塑造目的较为明确的"种草"营销。陆宁还表示，海狸先生即将开启IP联名，例如，与《芝麻街》IP联名，通过孩子的偏好打入家庭场景；与轻食品牌，如鲨鱼菲特等进行探索合作，相互借力，渗透更广泛的人群中。

⑥关注线下渠道。

海狸先生在2020年前7个月的销售额已达到5600万元，预估全年销售额将达1.2亿元。其中，70%的销售额来源于线上天猫旗舰店。从5月开始，海狸先生逐渐布局京东、天猫超市等其他综合性电商渠道。

海狸先生计划要做50亿~100亿元的生意体量，仅靠线上渠道无法支撑。

因此，基于85%~90%的市场份额都集中在线下，如果想要做一个大的品类品牌，就必须布局线下渠道，海狸先生也对此进行了三个方向的探索。

首先，重点入驻新零售渠道，例如，盒马鲜生等。据悉，海狸先生已经在大连、深圳、海南、武汉等城市入驻了60多家盒马门店。这些城市相较于北上广来说更"边缘"，也因此给予了初入线下的海狸先生更多试错、优化的机会。"在没有了解当地趋势、消费者偏好的时候贸然进入线下，对品牌的影响也是非常大的。"

其次，线下直营店，目前仅在大连有一家。不同于其他的新零售渠道，海狸先生在直营店内做了很多现场的体验环节，例如，鱼片、海苔等产品的半成品加工。通过提高趣味性和消费者参与感，更能实打实地了解产品纯天然健康的特性。

最后，进驻线下便利店、水果店等相对常规的渠道，并将逐步从大连向其他城市扩散。

在消费升级的趋势下，陆宁认为，除了健康化，便携化也将成为休闲零食市场发展的重要特点。过去的零食讲究的是大包装、更便宜，追求以性价比"取胜"。但如今的年轻人在吃零食时，更关注它们是否方便携带。因此，在"第四餐"文化兴起的趋势下，品牌还需要思考如何在一定程度上替代主食的同时，又能满足消费者在零食领域的其他需求。

6.5.2 依托直播短视频构建虚拟社区

以"00后""90后"消费人群为代表的新青年在网络的陪伴下长大，他们热衷于社交媒体和网络购物，利用社交网络进行交流、沟通和分享成为他们的生活方式和消费决策入口，热衷于社交媒体记录生活点滴、分享生活方式，愿意相信真实用户的使用体验，追随各种KOL，满足"社交、人设、悦己"的需求。海狸先生抓住互联网高速发展的契机，通过微博、直播、短视频构建属于海狸先生的虚拟社区平台，其中直播短视频是其构建虚拟社区分享知识最重要的平台。

2015年，海狸先生推出第一款产品"贝裙下饭菜"，同期在微博上联合110名微博KOL开启"美食合伙人"计划，从产品包装设计到口味升级、口感丰富等方面均与消费者互动沟通之后最终确定,展开一系列的"参与感"营销活动,逐渐为自己积累了第一批品牌忠实用户。

2016年,海狸先生开始进行海鲜零食产品升级,推出少糖、薄盐、无味精的烤海苔,成为整个海苔细分市场中第一家真正去掉化学添加剂和味精的零食产品。烤海苔推出的同时,与薇娅、"大胃王"密子君、香喷喷小烤鸡等近百位网红达人合作,开启短视频"'种草'带货+直播带货"模式,为烤海苔的使用场景赋能,通过这些达人的体验内容,促进消费者对海狸先生烤海苔进行更深入的了解,推动消费者产生购买行为,最终拿下"烤海苔"细分品类第一名。

2017年和2018年,短暂的财务危机使海狸先生曾一度停止直播合作。2019年,凭借直播带货和短视频带货,海狸先生迅速进入爆发式增长期,连续两年业绩增长3倍多,2020年上半年,海狸先生在海鲜零食品类中,已经冲到了Top1。

6.5.3 效果分析

(1) 收获销量与用户认可

海狸的直播成绩从最初的几百单、几千单,到后来每场直播均销售3万单。2019年,销售额4288万元,近30天复购率19.7%,不仅实现年度盈利,而且年度净利率达6.3%;2020年前5个月销售额4055万元,其中海苔系列在全网各大渠道均处于销量Top3,鳕鱼片单品淘系销量长期Top1,墨鱼片等创新单品4周成为月销6万袋的网红爆款。

在海狸先生不断增长的数据中,复购率远远高出行业平均水平。零食品类平均30天的复购占比是8%左右,海狸先生达到20%。复购率是一个品牌产品的重要衡量标准,高复购率背后,则是海狸先生最重要的核心优势——产品得到了用户的广泛认可。而用户的认可不仅与海狸先生自身健康的产品有关,更是与虚拟社区的成功构建以及知识分享的成功有关。

(2) 获得品牌影响力

天猫发布"2020美食新锐品牌10强"名单,分别是:ffit8、奶酪博士、每日黑巧、单身粮、劲面堂、空刻、海狸先生、Miss Berry、时萃、感cafe。其中,专注"海味"健康零食的海狸先生,成为"海味"零食品类唯一出道的新锐品牌。"2020美食新锐品牌10强"名单的出炉，经历了4个月的激烈角逐，赢得100个品牌的PK，海狸先生通过天猫美食高标准的产品力、营销力、品牌力以及资本力四轮考核，并在众多消费者的投票支持下最终入围。海狸先生的名字也让更多人关注到了"海味"零食品类。

在2020年11月14日举办的辽宁国际投资贸易洽谈会上，海狸先生凭借海苔健康产品——海苔夹心脆荣获"2020辽宁礼物"称号。海苔夹心脆产品是海狸先生的主打"海味"零食，真材实料，选用口感、营养价值都更高一筹的头水紫菜，精选巴旦木、芝麻夹心，少盐薄糖，健康之选，一口薄脆，鲜香四溢，是深受宝妈、精致女孩喜爱的休闲零食。

海狸先生成立5年以来，坚持匠心优作，不断优化工艺与配方，成就"海味"健康零食金字招牌。目前，海狸先生的碳烤鳕鱼片系列全网销量突破500万袋；肉松夹心海苔卷在小红书平台爆红；豪横墨鱼片以特色风味与亮眼包装，迅速吸睛成长为网红零食。自带网红体质的海狸先生将以高品质的"海味"健康零食，为更多人呈现美味与品牌的盛宴，与世界分享大海的味道。

6.5.4 知识分享成功的原因

（1）优先与超级网红合作

2016年，海狸先生就开始与薇娅合作了。薇娅2016年5月开始入驻淘宝直播，陆宁作为东北地区领先的电商代运营公司骑迹传媒创始人，与淘宝、天猫有长期的合作关系，一开始就关注到淘宝在直播领域的探索。那时，所有人都对直播模式缺乏认知。陆宁却认为直播可能会发展为一个高权重的销售通路，因此选择和处境同样艰难的主播共同成长。陆宁也不知道谁会成为主流，便采取了广撒网的策略。

而淘宝直播的主播，很多是从淘女郎转型而来的，陆宁很容易在这个群体里安利海狸先生，淘宝直播的主播也很清楚海狸先生的产品生产流程和检验标准，因此敢于和愿意去推荐。当时的薇娅和其他主播一样，刚开始做直播，没名气、没流量，需要品牌支持。

创始人陆宁用直播推海狸先生，是从一场直播几百单、几千单慢慢涨上来的，他深知实操中可能会遇到哪些问题，也清楚一场直播大概需要匹配多少人力，这让与他合作的主播非常放心。

海狸先生以直播带货作为突破口，采取"头部"为主，"腰部"为辅，"尾部"直接放弃的直播策略，并制定了直播带货核心原则——产品一定要到流量最集中的地方去。因为直播带货就是严选模式。原有的货架电商，产品让人眼花缭乱。直播带货的主播帮消费者做了产品筛选。直播带货和线下商超卖货有类似之处。顶级销售员比其他普通销售员强很多。不同的是销售环境发生了变化。在柜台，一个售货员最多同时服务两三个人。直播间，主播面对的是所有在线的消费者，可能数以千万计。直播把销售人员的产能放大。越是"头部"主播，其放大的能力越强。薇娅、李佳琦这种"头部"主播，什么货都能卖，他们的流量也稳定，每天晚上基本上都是一千多万观看量。流量足够的情况下，品牌商只需要考虑最终能进入哪个直播间。当大家都要抢着进入薇娅、李佳琦的直播间时，早就是老朋友的海狸先生自然能获得优先权。

（2）直播有方，把关质量

海狸先生成为网红、明星直播带货在海味零食品类中的首选，在直播带货的大趋势下迎来成功。看上去，是海狸先生抓住了直播和短视频的爆发红利。实则，借助红利迅速增长的背后，是海狸先生对于直播分享知识的真实有效性的重视推动了直播带货的成功。海狸先生多年资源的积累、高水准的产品品质把控、稳定的上下游供应链管理，还有对于营销方式的敏感度，每一项优势都为直播分享知识的有效真实性提供了重要支撑。

为保证知识分享的质量，海狸先生做到了播前深度产品打磨，播中传递直观价值，播后高效运营。

为更好地保证产品满意度和直播效果，在开播之前，海狸先生会先做口碑。海狸先生往往会做短则数月长则半年的新品研发，并进行全网公测，反复市场调研，收集新老客户的反馈，分析产品是否达到开播要求，所有环节确认无误后才安排主播带货。因为直播爆发力强，如果产品口碑不好，就会产生大量的退单，死得也快。

直播中，海狸先生非常重视主播的营销话术，会给主播提供能在直播间表达产品差异化的"话术"。拿鳕鱼片来说,因为确实好吃,"头部"主播都愿意去推。但"好吃"在直播间看不出来,得让主播把产品价值说出来。比如,海狸先生是整条鱼烤制,烘烤前是 800 克,烘烤后是 58 克,产出比高达 1∶15,向消费者传达了加工工艺的高标准。

另外,直播中要让消费者觉得自己占便宜。东西再好,直播间价格不比日常便宜就是卖不动。消费者觉得便宜,主播觉得好卖,商家还有利润空间,这才是一场正常健康的直播。

直播中,海狸先生还特别注意产品影响。表现形式就是粉丝与主播的强互动。"主播说你好是一个方面,下面的弹幕说你好,影响巨大。"陆宁表示,在粉丝群中有良好口碑,能实现消费者影响消费者的爆发性增长。品牌商一定要重视并引导真实的消费者反馈。

直播结束后,考验的就是运营。商家的综合服务能力,比如发货时效,客服响应时间,售后处理速度,售后服务态度,这些都是决定退货率的关键。"很多品牌,直播后退货率高,核心原因并不在于主播。直播间购物是冲动消费,如果再帮他找各种延迟发货的理由,就是在帮他做退货决定。"陆宁说。即便今天一场直播成交 10 万单,海狸先生在第二天仍能做到正常发货。

(3) 始于兴趣,终于产品

海狸先生借助直播平台对虚拟社区的建立基于社区用户的共同兴趣吸引大家,而真正维系社区成员与海狸先生品牌关系的关键是产品品质。海狸先生满足了零食爱好者的健康需求,而且在研发产品过程中让社区用户参与进来,满足了忠实社区用户的精神需求。

满足消费者的核心需求才能让消费者花费时间与精力参与社区知识分享。"一边熬夜,一边喝红糖枸杞,还一边用最贵的精华。"是个性化消费时代新一代消费者的消费状态。为了不断迎合兼具健康与美味的消费需求,海狸先生率先提出"二减二加"原则,打破了行业一味追求低价格竞争、产品添加剂多、海鲜原料少的"潜规则",使用的海鲜原料在产品溯源可追踪系统的管理下,全程严密管控原料检验标准,同时对传统海鲜零食加工工艺进行升级、创新,最大限度地保留产品鲜味、去除腥味,并让口味更加多元,满足了更广泛地区消费者的口味偏好,俘获了大批年轻人(年轻宝妈居多)的芳心,从而扩大自己的消费群体。凭借"不添加、无防腐"的招牌和不断迭代的口味类别,趣味、活泼的IP形象,海狸先生与年轻消费者有了更多的精神共鸣,满足了人们随时随地享受"海味"的诉求:既要享受"海味"的愉悦感,又要追求"无添加"的健康化。

尊重消费者的想法与实际体验,让消费者参与研发产品可以有效鼓励消费者参与社区知识分享,密切关注社区知识分享动态。海狸先生产品矩阵涉及三大系列:零食系列、佐餐系列、珍品系列。与传统品牌相比,海狸先生的产品研发、迭代遵循了"粉丝共创"的研发思路,在产品研发阶段就让消费者充分参与进来,像迭代互联网产品一样,注重消费者的数据反馈,通过C2B2B模式连接消费者和上游供应链,对产品口味、工艺、包装等进行升级、迭代。

6.5.5 关于直播类虚拟社区构建的启示

(1) 企业直播分享知识是大趋势

一场波及全球的新冠肺炎疫情让实体经济遭受到了前所未有的冲击,在全民居家战"疫"的情形下,很多消费和服务模式开始大规模向线上转移,直播带货的风潮也随之蓬勃兴起,并且很快席卷了各行各业。来自商务部的数据显示,仅2020年第一季度,就有超过400万场的直播带货;另据媒体指出,截至2020年6月22日,我国共新增直播相关企业近5950家,同比增幅达251%。面对新的风口,很多企业纷纷跑步进场快速入局,包括罗永浩、董明珠、张朝阳、丁磊、梁建章在内的各界大佬轮番登场,"人人都能带货,万物可做直播"的时代到来了。

各大媒体平台的强强联手让直播带货走进了更多人的视野。2020年4月6日晚,央视新闻"谢谢你为湖北拼单"公益行动首场"带货"直播在央视新闻客户端、淘宝、微博等平台开播。这场直播由央视新闻主播朱广权和李佳琦搭档,向网友推荐湖北待销农副产品。这一行为为网络直播带货行业掀起了令人瞩目的高潮。紧接着,4月12日晚8点,央视新闻"谢谢你为湖北拼单"公益行动第二场带货直播开播。央视主播欧阳夏丹和王祖蓝、蔡明等在央视新闻客户端、央视新闻微博平台、快手平台等同步直播，为湖北多种特产带货。直播带来的价值，更重要的是引流效应。

各行各业开启直播带货模式。不仅是美妆护肤、生活日用、保险产品、房屋装修走进了直播间，甚至连知识付费这种虚拟产品都搭上了直播的风口乘风而上。百度董事长李彦宏首次直播带货推荐书单，仅一个小时就累计吸引了超过 926 万人围观，相关出版物在线下书店仅 2 小时就被抢购一空。媒体指出，这次直播间接拉动百度市值一夜暴增近 17 亿美元。不久后，樊登读书创始人樊登联合快手直播带货，13 万册书籍被抢购一空，总销售额近 1000 万元。就连此前明确表示"不做带货直播"的李国庆也走进了直播间，尽管最终的销售数据略显惨淡，但实时观看人数仍然接近 10 万人。

直播带货使得知识分享跨越时空。网络直播带货借助移动新媒体终端进行视听内容的实时传播，"直播的形式+直播平台的属性"突破了时间的限制和双向传播的局限性，网络直播带货借助移动终端，使消费者通过随身携带的手机就可以在任何地点收看自己喜欢的内容，灵活性更强。迅速增加了受众与带货主播之间的黏性。直播平台的可回放模式，维系了传受双方的依存关系，突破了时空的界限。

直播带货拥有众多受众，潜力无穷。网络直播带货依靠人人都有的手机为内容输出终端，使网络直播带货不仅老少咸宜，而且传播渠道更加多样化，吸引了一大批潜在受众。网络直播形式在内容传播上本身就具有无限的可能性，加之网络直播带货发展迅猛、灵活自如的特点使它不可能安于现状，在未来一段时间也会是企业宣传自身品牌的重要渠道。

（2）直播知识分享三方受益

直播分享产品知识受益者主要涉及主播、粉丝（用户）以及品牌商家三方。

新旧商业模式的核心是"人、货、场"。电视时代的电视购物，4G 时代的网红带货，5G 时代的场景直播都是如此。在传统的线下商业过程中，参与者为买方和卖方，货物主要是具体的产品，场景大多固定在卖方的门店。直播电商实现了"人、货、场"关系的重构。"人"包括主播和 MCN 机构，主播包括素人、网红和明星，MCN机构包括内容MCN和电商MCN，仅重点研究电商MCN；"货"包括品牌方和供应链，值得注意的是，部分高阶电商MCN对品牌方和供应链有把控力，供应链能力逐渐被强势电商MCN内化；"场"包括平台。值得注意的是，现在已经没有纯电商平台和纯内容平台，主要是内容电商化和电商内容化两块。另外，在阿里生态的语境中，"场"特指消费场景。

根据"人、货、场"的分析，我们可以看到新的直播带货模式涉及的核心角色有主播、用户以及品牌方，也是直播分享知识的主要受益者。

依靠KOL，紧密连接了消费者与商家。直播电商能够为消费者提供更直观的现场体验和社交属性的即时互动；KOL主播及团队凭借专业能力帮助用户选品，凭借粉丝流量优势向品牌商获取低价优惠，并依托粉丝互动、限量秒杀等方法，激发消费者的购物欲望并引导其迅速下单。

直播电商为商家提供了更直接、更高效的商品信息触达渠道，极大地减少了中间环节和降低了运营成本。

直播观众一方面在享受直播内容的同时对主播进行一定金额的自愿打赏（音浪），另一方面则通过购买品牌方产品为主播带来销售佣金收入。在主播获得音浪或佣金收入的同时，品牌商通过主播推荐不仅打开了产品的销量，也帮助产品进一步塑造了品牌形象。

（3）高质量产品是知识分享的关键

对于企业来说，直播带货成功的核心因素是产品。产品是企业定位的产物，本质上是为解决用户需求，为其提供有价值的服务。直播只是一种销售方式，与传统的货架式电商相比，可能更好玩、更热闹、互动性更强，但消费者的预期和体验感才是决定因素——无论直播效果多好，一旦商品质量出现问题，就会前功尽弃。产品质量不合格、假冒伪劣、网红直播带货欺骗消费者、商家宣传与实际不符、欺诈、有价无货等问题的出现都是产品本身的问题。当产品质量出现问题时，流量再好的直播平台与直播都无法挽救。

（4）分享人决定知识分享成败

一场直播，最先让观众看到的是主播。主播形象的好坏，就像短视频直播封面一样，直接影响着观众是否愿意进入直播间。所以，选择合适的主播很重要。

卖货主播主要分为两类：专业卖货 KOL 和店铺主播。专业卖货 KOL 是具备一定的粉丝黏性，有别于娱乐主播强人设属性，粉丝给予货品较高关注权重；店铺主播的核心是线下导购线上化效果，货品是关键（个人店除外，个人店更类似专业卖货 KOL）。

选择主播可以从三个方面考虑：匹配度、带货力和性价比。匹配度需要从主播的粉丝画像，主播形象、专业度，主播的直播间氛围，主播的口碑等几个方面考察；带货力从粉丝活跃度，粉丝团以及直播数据进行考察；性价比则主要是从转化率和垂直性两大方面考察。

主播人设影响知识分享的效果。以薇娅和李佳琦为例。薇娅作为淘宝"头部"主播，她的人设非常清晰：有正义感，有担当，时刻保护粉丝的"霸总"人设。她称呼粉丝为"薇娅的女人"，会保障她们的消费权益。例如，通过各种优惠券、无条件退款等服务，保障粉丝的合法权益，不让粉丝吃亏。同为淘宝主播的李佳琦却有着截然不同的人设，他是一个会化妆，懂化妆品，懂女生的"贴心闺蜜"人设。例如，他在表达对产品的好感时，像小女生一样喊"这也太好看了吧"，形象柔软，姿态娇媚。两者截然不同的定位却能"殊途同归"，带货成绩非常喜人，因为他们找到了适合自己的定位。按照人设 IP 九宫格思维导图，内容方向、内容特点、内容模板，仔细规划好每一步，就能清晰地找到适合自己的主播人设定位。

一个主播就像一场活动的主持人，主播对于一场直播带货起着关键性作用，主播虽然是一个线上销售员，但主播自身作用是不可忽视的。比如，李佳琦、薇娅从四年前的新手"小白"入局直播带货，到现在成为当红主播，身价堪比当红明星。一个"头部"主播可以带动一个平台的发展。主播还能带火一个品牌，帮助中小企业渡过疫情难关。

6.6 多案例分析结果及启示

6.6.1 整合不同平台构建虚拟社区

通过分析完美日记和小米的品牌虚拟社区，我们发现两者利用不同社交平台构建虚拟社区以便有效接触目标消费者进行知识分享。这给企业构建虚拟社区带来了启示。

品牌应该重视构建起品牌自己的平台社区体系，不仅为消费者提供互动交流的场所，也为自己实现品牌资源的汇聚形成有效的闭合。根据保罗·莱文森的"媒介补偿"理论，每一种媒介都有先天的缺陷，任何一种新媒介都是对过去媒介某种先天缺陷的补偿，消费者很难在同一种媒介上追求到自己的所有需求。

因此，品牌不能仅关注或运营一种社交平台。从平台设计特性的结果可知，在社交媒介型平台中，微博、抖音等平台更适合吸引驱动参与阶段的消费者，聚合新的社区成员，通过即时性热门话题带动成员的参与性，抓住社区成员的碎片化时间；微信公众号则更适合一对一的精准服务为消费者提供更贴合的售后服务与精华内容推送；QQ群和微信群等则在小圈子信息传播、信息反馈、成员社交关系维护等方面具有更加明显的优势，更适合与社区成员建立起短期连接关系。社区型平台如论坛、贴吧、品牌社群自建平台等可通过多种内容进行丰富的富媒体呈现，社区内容和资源更容易获得沉淀，营造出一种更加真实、有效的沟通场所，聚集有参与经验的社区成员。在这一互动空间内，成员可围绕其消费体验，进行资源的分享，进而加强互相的关系和情感认同，共同创造价值，提供更高的参与和投入，因此这些平台适合建立品牌与消费者之间长期的深度关系。

6.6.2 聚合与分类的精细化管理

除了建立多平台社区体系，企业还需要对不同发起者或不同建设目的的碎片化品牌社区进行聚合，包括三个方面。一是不同子品牌的碎片化社区，以小米为例，旗下不仅有小米手机还有小米家居、小米运动等各种子品牌，不同子品牌会形成不同的子社区。因此，随着品牌的发展需要更加关注品牌社区体系的管理，就需要对不同子社区的功能进行精准化的定位。二是随着社区成员的增加和规模的扩大，社区成员的兴趣和价值观会有形成不同的偏好倾向，会越来越难以建立起相对统一的思维或者行为方式。因此，品牌需要关注现象，有意识地对品牌社区兴趣偏向进行分组，将社区内容进行标签化管理，形成既相对统一又多元的社区文化氛围，丰富社区的组织结构。B站社区在这方面做得很出色，利用三级分类法对内容进行分区满足不同用户的需求，实现了精细化管理。三是整合线上线下的数据资源。线下参与为线上社区分享的重要互动内容来源，也弥补了线上参与所没有达到的真实共在，更能够激发社区成员之间的情感共鸣，加深社区成员参与的体验感。小米社区、B站社区以及海狸先生都充分意识到了线下活动对线上社区的重要影响并采取了相应措施。

6.6.3　从源头把关质量

通过分析案例，我们发现要从源头控制知识分享的质量。

首先，保证产品自身的质量。产品好才是硬道理，虚拟社区分享知识只是宣传品牌与产品的一个方法。要保证输出知识的真实有效，必须保证知识自身的价值，也就是要保证产品本身的质量。只有产品自身的质量上去了，才会与消费者建立长期的信任关系。海狸先生就做出了榜样，海狸先生会做短则数月长则半年的新品研发，并进行全网公测，反复市场调研，收集新老客户的反馈，分析产品是否达到开播要求，待所有环节确认无误后才安排主播带货。

其次，一定注意通过制度把关知识输出。B站社区在这方面仍需完善。随着视频数量的增多，B站内容变得更加丰富，但是随之而来也出现了很多问题。由于缺乏内容导向与监管不力，一些视频制作者见缝插"帧"，在一段可以过审的完整视频中插入几帧不合时宜的画面后，依然可以轻松过审。

6.6.4　意见领袖高效分享

在所分析的五类社区里，我们看到了意见领袖的重要作用，如完美日记"头部"KOL发布新品信息并搭配明星广告引发粉丝的关注与讨论，通过

"腰部"及以下 KOL 的新品测试与分享实现传播的横向拓展与纵向下沉；B 站通过 UP 主分享知识获取社区成员黏性；海狸先生借助网红直播带货取得传播成功等。在社交平台越来越广泛的今天，网络意见领袖能够帮助品牌快速获取消费者信任。查看网络意见领袖的相关推荐，成为越来越多的消费者在进行产品购买决策之前会做的一个步骤，查看意见领袖在虚拟社区分享的知识也成了消费者了解品牌的重要途径。意见领袖能够拓展企业的知名度品牌，知名度得到提高的同时有助于树立正面的品牌形象，进一步促进消费者的品牌态度，创造更大的品牌价值。

企业要注重利用网络意见领袖在虚拟社区发布口碑信息，要积极主动寻找合适的网络意见领袖。在业务开展方面，企业可以合作具有影响力的网络意见领袖；在改进、优化产品结构方面，企业可以参考网络意见领袖的相关建议。企业可以选择公众形象良好的意见领袖，筛选较好契合品牌、产品和服务的意见领袖，通过塑造专业意见领袖的形象来达到提升消费者感知有用性、品牌态度和促进消费者与品牌形成良好信任关系。

6.6.5 利用品牌价值实现留存

在以上分析的 5 个品牌虚拟社区中，我们发现传播品牌价值观和品牌理念对实现用户的留存至关重要，真正吸引和留住社区成员的是品牌特有的价值观，比如完美日记的"国货之光"与"大牌平替"、B 站的二次元文化、海狸先生的健康理念、小红书的智慧生活、小米的创新等。构建虚拟社区分享知识是企业宣传产品与品牌价值理念的重要方式，是实现消费者—品牌深度关系的重要手段。品牌现在仅仅算是一个浮于外在的标签，仅代表质量好、服务好、档次高，想要做到品牌无处不在还是远远不够的，其必须是很多受众所认可的一个差异化的精神和文化产品，要有价值观的认同，这才是品牌能够赢得消费者非常重要的一点。现如今，品牌正在变成一个开放的媒体平台，以价值观产生号召力和影响力。所以，做品牌的价值观传播一定要与受众产生强烈的关联，品牌只是一个道具或者是一个联结的纽带，要让受众由心而发有心灵上的深度刺激，从而达到深度的互动。品牌要想尽可能地触达更多消费受众，就一定要深入到品牌精神层面，不管内容形式如何变化，精神层面的东西是永远改变不了的。所以，在今天这个变化的时代，对价值观层面的东西有深度的认同和理解，并由心而发地传递出来，才能够更好地与消费者个人价值相关联，消费者才会自觉地寻找品牌，并通过品牌来彰显自己的价值观和生活方式。

在社区建设和规则维护方面也要让消费者认同品牌社区的意义与价值，要关注到消费者的个人追求其实是与品牌价值息息相关的。如果消费者能主动地为品牌社区创造价值，那么也会更容易认可品牌的价值与意义。因此，应该努力将品牌社区价值与消费者的个人追求相关联，引导大家更多维度的公共互动。品牌价值与个人价值关联起来离不开让每一个消费者积极创造，因此要尽可能地邀请他们参与到社区内的公共建设。品牌社区应该提供有效的途径让每一个社区成员参与进来，共同创建并共同享有社区资源。在平台功能机制设计层面，允许社区成员参与到社区的公共事务中来。需要品牌社区的主要运营人员定期发布需要大家共同商榷的事务或者重要的提案收集，让成员感知关键事务的进展。同时，还要召集大家积极参与到社区公共活动中，比如，品牌社区的参与规则制定意见搜集以及相关新产品活动的公共投票等。每个成员可以对社区中的不合理或者违规行为进行举报，共同参与裁决；还可以增加活动建议功能，在这个功能下社区成员可以公开讨论想要组织什么线上活动或者线下活动，并提交相关建议给社区运营负责人，将权力释放给社区成员。

6.6.6 技术创新应对环境挑战

新冠肺炎疫情的暴发，对全球的政治、经济都带来巨大影响。受疫情影响人们的线下活动普遍向线上转移，也加速推进了互联网产业发展的进程。作为依托互联网技术发展诞生的新媒体平台如微信、微博、抖音等受疫情影响也发生着新的变化。

作为互联网技术发展催生的新型媒体，抖音等短视频平台及直播平台在这次疫情中面临挑战也收获机遇。以抖音为代表的短视频平台在疫情期间，承担了较多官方权威发布、科普辟谣、防疫宣传等任务。新冠肺炎疫情是重大公共安全事件，信息时效性强，民众关注度高。视频因技术门槛低，创作流程简单等特点，能够快速有效地将疫情状况传递给受众。抖音短视频平台靠着接地气、亲民的特点让权威信息更容易为受众所接受，具有随时评论转发的功能，权威信息可以迅速在受众的"强关系"圈内广泛传播。疫情期间多地网信办与抖音平台合作，将当地疫情状况、政策方向制作成短视频，让民众在短时间内准确了解当地的防疫抗疫情况。

（1）短视频平台的营销价值

一方面，满足了大批民众隔离在家的休闲娱乐需求；另一方面，帮助因新冠肺炎疫情无法正常营业的企业开展线上业务。进一步地，短视频平台用户构成与内容格局也在疫情期间发生了巨大变化。疫情给实体经济带来巨大冲击，尤其是一些中小型企业更是面临严峻的考验。而短视频平台等网络媒体，却在疫情中焕发出新的生命力。面对疫情带来的挑战，一些实体经济开始主动谋求与短视频平台合作，通过拍摄创意视频展示产品优势，提升品牌形象。此外，直播作为短视频平台的另一项重要功能，实时互动性更强，更能增加受众的黏性和参与度。在疫情倒逼下，部分企业利用短视频平台进行直播销售，取得了一定效果。抖音平台通过发起"助力商家，线上不打烊"活动，积极帮助企业实现从线下经营到线上经营的转变。受疫情影响，短视频平台迎来了一大批中老年受众，大量垂直化多元化视频内容短时间内迅速涌入，使平台内容竞争更加激烈。

短视频平台拥有相当大的营销价值。从内容展现上看，短视频表现力强，能更好地展现出产品的价值。从传播力上看，时间空间的限制被打破，一则视频或一场直播可以覆盖广泛的用户面，而且"转发"的功能使视频不仅能够在平台内被快速多次转发，也可以渗透到微博、微信等社交平台之中。从互动性上看，"短视频+直播"的营销方法，能够分别利用直播和短视频的优势，增加受众的黏性与参与度。从技术应用上看，抖音等短视频平台可以利用算法，基于用户信息、浏览记录、社交关系、点赞情况等推送不同的产品。疫情严重期间，民众不能出门，店铺也被迫暂停营业。短视频平台则成为厂家提升品牌形象，增强品牌知名度的新选择，为实体经济开辟了新的营销空间。疫情结束后，抖音等短视频平台亟须思考如何继续维持这一批用户的黏性，避免用户流失；如何加强内容管理，避免视频精度下降。

(2) 直播带货对消费者行为的影响

随着互联网不断发展而衍生出来的网络直播，又和传统媒体有着巨大的区别。传统媒体在发布自己的观点后，信息获取者只能阅读，不能及时地给予反馈，这是传统媒体的一个不足。而网络直播的优点则在于此，在网络直播过程中，人们不仅可以看主播分享的内容，还可以通过实时弹幕的方式分享自己的观点，主播也可以通过看弹幕获取观看者的想法。网络直播营销作为"大智移云"时代新兴的网络营销方式，在满足消费者个性化需求、强化用户科技与购物体验、提高网络客户黏性等方面进行了积极尝试。同时，因其特有的高度互动性与直播激励性，获得了消费者的广泛关注，并在平台中积累了一批忠实粉丝。据相关统计数据，当前直播电商市场规模直逼5000亿元，四大线上平台淘宝、抖音、快手、京东强劲推动电商转化，部分网红粉丝增长及出货数量惊人，平台营销变现效果初显。例如，网络红人李子柒的抖音粉丝超过4000万人，凭借直播带货与视频推广推出爆款"螺蛳粉"，一个月斩获约百万份销量。

对于信息接收者来说，传统媒体的内容是比较固定且单一的，并且不能主动搜索自己感兴趣的内容，只能查看固定的、编写好的内容。但是，在社会化媒体盛行的当下，网络直播是个新兴行业，直播是没有特定的要求的，任何人都可以做主播，都可以传播自己想要发布的内容，并且观看直播的人可以凭借自己的爱好等选择自己喜爱的直播，看自己中意的直播，可以接收不同的信息。

使用互联网技术的人逐年攀升，网络直播已经衍生了直播卖货的新形式，比如，大火的李佳琦就是直播卖货的主播，他的大火也显示出当今直播卖货的流行趋势。既然直播卖货是新事物，其自然有着旧事物无法比拟的优点，网络直播和卖货结合在一起，有非常大的益处，比如，通过主播推荐产品，然后进行购买，这种方式更有利于品牌的发展。并且，这种方式和购买者接触更加紧密，用户的想法和需求可以及时知晓。通过主播的介绍和演示，可以使购买者感知产品是否适合自己，以及质量的优劣，可以刺激消费。主播通过长时间的直播，可以积累自己的粉丝，然后通过直播将自己的粉丝转化为商品的购买者。在网络直播中，主播通常与明星合作，或者与产品的代言人合作直播，这样明星可以有更多的曝光机会，提升了自己的知名度，还可以提升产品的销量，是一举两得、双赢的局面。

在直播带货时代，网络平台以及实时营销活动为消费者拓展了选择空间，提供了极大的购物便利。结合 AISAS 营销理论，在互联网情境下，消费者从接触营销信息到做出购买决策需要经历关注、兴趣、搜寻、行动、分享五个阶段。首先，对于直播带货平台观看者而言，在发生购买行为前，需要对平台"网红"及营销产品进行关注，通过与直播者互动讨论，激发对特定产品的兴趣，以粉丝身份嵌入营销生态系统；其次，平台粉丝会进一步收集产品口碑等信息，在此基础上强化购买意愿；最后，做出购买决策，并于直播平台上分享消费体验。换言之，无论是 AISAS 营销理论还是直播带货平台消费者购物过程，都表明驱动直播带货平台粉丝做出购买决策的核心在于关注、兴趣、搜寻三阶段。在关注阶段，优质的内容、有效的消费激励，是激发粉丝观看营销视频和尝试了解产品的关键；在兴趣阶段，"网红"的个人魅力与营销过程中的实时互动，是强化粉丝购物兴趣的核心；在搜寻阶段，对直播推荐产品的信任程度影响着粉丝最终做出购买决策。

7 研究结论及展望

7.1 研究结论

随着社会化媒体在网络营销领域的普遍应用，虚拟社区发展日益成熟，企业纷纷建立了自己的虚拟社区网站，构建网络营销渠道，维系品牌与消费者之间的关系。本书立足虚拟社区知识分享接收者视角，研究虚拟社区知识分享影响消费者—品牌关系的作用机制。借鉴 SOR 模型，将虚拟社区知识分享特征作为对知识分享接收者的刺激，并参考信息接受模型，将知识分享特征分为知识分享质量、专业能力、社区地位维度，引入虚拟社区感作为研究主体的心理感受，并验证其中介作用，消费者—品牌关系强度作为知识分享接收者的反应，并引入产品涉入度为调节变量，观测其是否在知识分享和虚拟社区感之间起调节作用。基于以上思路，在文献回顾、分析的基础上提出研究的理论模型及假设，参考国内外成熟量表设计问卷，小样本测量信效度符合标准，通过问卷星及微信共收集有效问卷 361 份，以 SPSS 22.0 和 AMOS 24.0 软件为工具分析本书数据，验证本书提出的假设，最终结论如下。

第一，自变量共有三个维度，分别是知识分享质量、专业能力和社区地位。中介变量是虚拟社区感，分为成员感和沉浸感两个维度。因变量是消费者—品牌关系，分为四个维度，分别是承诺、亲密、满意和自我联结。自变量对中介变量影响的路径共六条，其中，知识分享质量、社区地位对成员感和沉浸感的影响路径得到支持，专业能力成员感和沉浸感的影响路径没有得到支持，可能的原因是发送者的专业能力高，会降低消费者感知风险从而影响消费者的购买决策（常亚平、邱媛媛，2011），但是对虚拟社区的认同和沉浸的作用不显著。中介变量对因变量的影响共有八条路径，分别为成员感和沉浸感对承诺、亲密、满意和自我联结的影响路径，结构方程模型分析影响路径均得到支持，H2 没有得到支持。

第二，通过对实证结果的分析得出，知识分享质量对成员感、沉浸感均有显著正向影响，即虚拟社区知识分享质量越高，用户越容易产生对社区的认同，并持续参与其中，虚拟社区感越高。社区地位对成员感、沉浸感均有显著正向影响，即虚拟社区知识分享者社区地位越高，用户对知识分享的感知有用性越高，越易产生虚拟社区感，H1a、H1b、H3a、H3b 得到验证。虚拟社区感对消费者—品牌关系有显著正向影响，虚拟品牌社区中最核心的关系就是用户与品牌间的关系，用户对虚拟社区的成员感、沉浸感越高，越容易受到虚拟社区内部的影响，越容易建立与品牌间的关系，并且关系强度越高，H4、H5 得到验证。

第三，因为研究涉及变量维度较多，分析虚拟社区感在知识分享与消费者—品牌关系的中介作用数据也较多，分析结果得出，虚拟社区感的中介作用得到支持，在知识分享对消费者—品牌关系的影响中发挥部分中介作用，实证运用 Bootstrap 的方法计算出了中介效应占总效应的比例。虚拟社区知识分享通过虚拟社区感对消费者—品牌关系产生影响，H6 得到支持。

第四，产品涉入度在知识分享和虚拟社区感之间的调节作用没有得到验证，知识分享质量、社区地位、产品涉入度均对虚拟社区感有显著正向影响，但知识分享质量、社区地位与产品涉入度的交互项对虚拟社区感的影响作用不显著，即产品涉入度的高或低在知识分享与虚拟社区感之间的调节作用不显著，目前还没有研究检验产品涉入在知识分享与虚拟社区感之间的调节作用，但是有学者的研究证明了高产品涉入度的条件下，信息质量对感知有用性的影响比低涉入度时更大。在低产品涉入度的条件下，社区地位对感知有用性的影响比高涉入度时更大（杨爽，2013），但是对虚拟社区感的调节作用不显著。产品涉入度调节 H7 没有得到验证。

7.2 管理启示

根据本书的研究结果，虚拟社区知识分享质量、发送者专业能力和社区地位可以通过虚拟社区感的成员感、沉浸感积极影响消费者—品牌关系强度。对企业而言，充分利用虚拟社区开展活动以吸引新老用户的持续参与，有利于提升品牌影响力，创造新的商业价值。同时，为企业通过完善知识分享模块构建和维护消费—品牌关系提供了新的思路。企业应通过虚拟社区知识分享，增强用户对社区的成员感和沉浸感，构建和维护消费者—品牌关系强度。

第一，明确虚拟社区知识分享质量标准，激励成员分享、创造品牌知识。知识分享质量对于提升用户虚拟社区感和加强消费者—品牌关系有积极作用，知识分享质量越高，用户越容易产生虚拟社区感，增加消费者—品牌关系强度。什么样的知识分享是高质量的呢？需要根据用户及虚拟社区的特点制定特定的标准，可以明确的是高质量的知识分享具有的普遍特征是真实性，提升分享内容的真实性一方面需要企业对用户发布信息方式的正确引导，如尽量详细地描述产品使用经历和优缺点；另一方面平台应加强对用户分享信息的管理，对发布虚假信息的用户实施相应惩罚，保证共享信息的真实可靠。另外，可读、易懂也是高质量知识分享的特征之一，需要图文并茂或简明易懂的语言实现，虚拟社区平台可以参考成员意见推出相应的知识分享模板，并且鼓励社区成员（潜在消费者）创作、传递详细具体的品牌知识。

第二，丰富虚拟社区活动形式，引导积极的交流互动，增强社区成员间的关系。根据虚拟社区的特点，制订激励计划，如新品体验券、VIP服务、社区积分或现金红包，鼓励用户积极分享信息体验、参与社区活动。此外，积极开展线下活动，以产品或服务体验交流会的形式，提高虚拟社区消费者对品牌实际了解，结合线上分享，实现线上线下的融合，扩大企业品牌的影响力，增强社区成员间的关系。

第三，维护良好社区环境，提升成员对社区的认同感，增加用户黏性。虚拟社区将用户聚集在一个平台，无论是分享知识或搜索信息都需要有秩序、容量大、速度快的平台的支持。将交流板块细化分类，提供专门的交流区域，设置奖励、互粉等评价功能，增强消费者对虚拟社区的认同感，使消费者对虚拟社区产生成员感，同时鼓励其自觉维护社区环境，参与社区活动。企业可以在虚拟社区中构建和明确社区的目标，吸引并促使成员持续参与，增加成员参与社区活动的时间，加强成员与社区和品牌间的联系。

第四，共创品牌价值，挖掘潜在需求。消费者可以帮助企业提早发现潜在的市场需求，开发新的服务构思，降低服务创新带来的风险等，企业与消费者之间良好的合作关系会对服务创新的发展与进步带来积极的影响。虚拟社区是一个很好的成员间交流的空间，成员基于相同或相似的兴趣爱好，彼此可以"碰撞"出新的创意。所以，企业可以通过虚拟社区，激发顾客的参与行为，促进成员积极交流，为企业与消费者共同创造新的价值。通过消费者自愿、主动参与来明确产品的开发方向，正如手机行业的小米论坛，苹果的威锋网。提升消费者参与，满足消费者需求，有助于增强消费者黏性，形成品牌忠诚，有助于梳理品牌形象，促进企业长远稳定的发展。企业可以运用粉丝会或者阶段性报告会的形式，进一步加深消费者与消费者、消费者与企业以及消费者与品牌的关系。

7.3 不足之处和研究展望

7.3.1 不足之处

关于知识分享的研究已经有许多成果，但大都集中在知识分享的影响因素上，针对知识分享的后效研究仍然不足。特别是，随着社会化媒体的发展，虚拟社区知识分享的后效研究对企业实践重要的意义更加明显。因此，本书基于SOR模型构建了虚拟社区知识分享对消费者—品牌关系影响的理论研究模型，以期丰富知识分享的后效研究，完善知识分享理论。大多数的社区用户参与虚拟社区是为了获取信息，因此，本书从知识分享接收者角度探讨知识分享对消费者—品牌关系的作用机制，以期为企业营销实践和品牌关系的维护提供新的思路。但是由于主观条件和客观条件的限制，研究还不成熟，存在一定的局限性。

（1）样本数据来源的限制

本书的样本量达到了测量的要求，样本通过微信和问卷星样本服务收集，问卷星样本服务可以选择调查的人群，通过微信用户的反馈可知，研究针对的人群为虚拟社区用户，但很多人并不了解虚拟社区，或者不参与虚拟社区，所以样本的限制在一定程度上对实证结果的有效性产生影响。

(2) 虚拟社区没有特别的针对性

虽然本书主要针对手机类、化妆品类品牌社区收集样本数据，针对的是商品类社区，但是虚拟社区的针对性较弱，没有特定在某一种类商品的虚拟社区，所以研究结论针对性较弱。

(3) 控制变量只选择了性别和年龄，是考虑到数据获取的便利性

影响虚拟社区感和消费者—品牌关系的因素还有品牌的熟悉度、消费者的个体特征等因素没有考虑。

7.3.2 研究展望

在未来的研究中可以完善的有以下四点。第一，扩大样本量，采用更加客观的方法收集全面、不同层次的样本量。第二，选择特定种类的虚拟社区或者具有代表性的虚拟社区进行研究。第三，关注消费者—品牌关系后效的研究，如消费者—品牌关系对消费者购买行为的影响。第四，虚拟社区知识分享对虚拟社区感影响的中介变量和调节变量的研究，如感知有用性、感知风险在虚拟社区知识分享与虚拟社区感之间的中介作用。

参考文献

[1] AAKER J, BRASEL S A. When good brands do bad[J]. Journal of consumer research, 2004(31):1-16.

[2] ABFALTER D, ZAGLIA M, MUELLER J. Sense of virtual community: A follow up on its measurement[J]. Computers in human behavior, 2012, 28(2): 400-404.

[3] ARDICHVILI A, PAGE V, WENTLING T. Motivation and barriers to participation in virtual knowledge - sharing communities of practice[J]. Journal of knowledge management, 2003, 7(1):64-77.

[4] ARMSTRONG A, HAGEL J. The real value of online communities[J]. Harvard business review, 1996, 74(3):134-141.

[5] BANSAL H S, VOYER P A. World - of - mouth processes within a services purchase decision context[J]. Journal of service research, 2000, 3(2): 166-177.

[6] BELKR. Stituational variables and consumer behavior[J]. Journal of consumer research, 1975, 2(3):157-164.

[7] BITNER M J. Service scapes: the Impact of Physical Surroundings on Customers and Employees[J]. Journal of , marketing, 1992, 56(2):57-71.

[8] BLANCHARD A I, MARKUS M L. The experienced sense of a virtual community: Characteristics and processes[J]. Database for advances in information systems, 2004, 35(1):65-79.

[9] BLANCHARD A L. Developing a sence of virtual community measure[J]. Cyber psychology and behavior, 2007, 10(6):827-830.

[10]BLANCHARD A L. Testing a model of sence of virtual community[J]. Computers in human be-havior,2008,24(5):2107-2123.

[11]Borhood and interest group sense of community[J]. Journal of community psychology,2002,30(1):105-117.

[12]BRAD D,CARLSON, TRACY A,et al. BROWN. Social versus Psychological Brand Community: The Role of Psychological Sense of Brand Community [J]. Journal of business research,2008,61(3):284-291.

[13]BRISTOR J M. Enhanced explanations of word-of-mouth communications:the power of relationships[J]. Research in consumer behavior,1990,17(4):51-83.

[14]BURROUGHS S M,EBY L T. Psychological sense of community at work:A measurement system and explanatory lramework[J]. Journal of community psychology,1998,26(6):509-532.

[15]CHAI S,KIM M. A Socio technical approach to knowledge contribution behavior:An empirical investigation of social networking sites use[J]. International journal of information management,2012,32 (2) :118-126.

[16]CHAIKEN S, TROPE Y. Dual-process theories in social psychology [D]. New York:Guilford Press, 1999.

[17]CHEN C W, LIN C S. Building a sense of virtual community: the role of the features of social networking sites[J]. Cyberpsy-chology behavior and Social Networking,2014,17(7):460-465.

[18]CHEN G L, YANG S C, TANG S M. sense of virtual community and knowledge contribution in a P3 Virtual Community: Motivation and Experience[J]. Internet research, 2013,23(1):4-26.

[19]CHEN Y L. The factors influencing members'continuance intentions in professional virtual communities—a longitudinal study[J]. Journal of information science,2007,33(4):451-467.

[20]CHENG Z C, GUO T C. The formation of social identity and self-identi-

ty based on knowledge contribution in virtual communities: an inductive route model [J]. Computers in human behavior, 2015(43):229-241.

[21]CHEUNG C M K, LEE M K O, Rabjohn N. The impact of electronic word of mouth: the adoption of online opinions in online customer communities[J]. Internet research, 2008,18(3):229-247.

[22]CHU K M, CHAN H C. Community based innovation: Its antecedents and its impact on innovation success [J]. Internet research, 2009, 19(5):496-516.

[23]DAI H, SALAM Av F. Does service convenience matter? 69an empirical assessment of service quality, service convenience and exchange relationship in electronic mediated environment [J]. Electronic markets, 2014(4):269-284.

[24]DELONE W H, McLean E R. Information systems success: the quest for the dependent variable[J]. Information systems research, 1992,3(1):60-95.

[25]DWYER F, ROBERT, PAUL H. Developing buyer-seller relationships [J]. Journal of Marketing, 1987,51(4):11-27.

[26]ELLONEN H. The development of a sense of virtual community[J]. International journal of web based communities, 2007,3(1):114-130.

[27]EROGLU S A, MACHLEIT K A, DAVIS L M. Atmospheric qualities of online retailing: a model and implications[J]. Journal of business research, 2001, 54(2):177-184.

[28]FIGALLO C. Internet world: Hosting web communities[M]. New York: Jon Wiley and Sons,1998.

[29]FOURNIER S, ALVAREZ C. Relating badly to brands[J]. Journal of consumer psychology,2013,23(2):253-264.

[30]FOURNIER S. A consumer-brand relationship framework for strategic brand management[D].

[31]FOURNIER S. Consumers and their brands: developing relationship theory in consumer research[J]. Journal of consumer research, 1998,24(4):343-373.

[32]GHANG H, WEN GHEN S. The impact of online store environment cues

on purchase intention: trust and perceived risk as a mediator[J]. Online information review, 2008,6(32): 818 – 841.

[33] HEUNG C M K, LEE M K O, RABJOHN N. The impact of electronic word – of – mouth: the adoption of online opinions in online customer communities [J]. Internet research, 2008,18(3):229 –247.

[34] HSU C L, CHANG K C, CHEN M C. The impact of website quality on customer satisfaction and purchase intention: perceived playfulness and perceived flow as mediators[J]. Information systems and e – business management, 2012,10(4):549 –570.

[35] HSU M H, CHANG C M, YEN C H. Exploring the antecedents of trust in virtual communities[J]. Behaviour and information technology, 2011,30(5):587 – 601.

[36] HUANG E. Online experiences and virtual goods purchase intention[J]. Internet research, 2012,22(3):252 –274.

[37] Understanding Knowledge – Sharing Motiration. Incentive Mechanisms, and Satisfaction in Virtual Communities[J]. Social behavior and personality: an international journal,2012,40(4):639 –647.

[38] JOON KOH, YOUNG – GUL KIM. Sense of virtual community: a conceptual framework and empirical validation[J]. International journal of electronic commerce winter,2003,4(8):75 – 93.

[39] KENG C J, PAO C H, Ting H Y. Impact of machine and interpersonal virtual experience combinations on sense of virtual community: the moderating roles of optimum stimulation level and motives for reading customer articulatio[J]. Journal of electronic commerce research,2015,16(1):34 –55.

[40] KIM W G, YUN J M. Customers'cognitive, emotional, and actionable response to the servicescape: A test of the moderating effect of the restaurant type[J]. International journal of hospitality management, 2009, 28(1):144 – 156.

[41] KOH J, KIM Y G. Sense of virtual community: a conceptual framework

and empirical validation[J]. International journal of electronic commerce, 2003, 8 (2):75-94.

[42]LAM L W, CHAN K W, FONG D, et al. Does the look matter? The impact of casino servicescape on gaming customer satisfaction, intention to revisit, and desire to stay[J]. International journal of hospitality management, 2011, 30(3): 558-567.

[43]LEE S, PARK D H, HAN I. New members' online socialization in online communities: The effects of content quality and feedback on new members' content-sharing intentions[J]. Computers in human behavior, 2014, 30(30): 344-354.

[44]LIM W M. Sense of virtual community and perceived critical Mass in online group buying[J]. Journal of strategic marketing, 2014, 22(3):268-283.

[45]LIN F, HUANG H. Why people share knowledge virtual communities? The use of Yahoo! Kimo Knowledge as an example[J]. Internet research, 2013, 23 (2):133-159.

[46]MAJEWSKI G, et al. Knowledge sharing in immersive virtual communities of practice[J]. Journal of information and knowledge management systems, 2011, 41(1):41-62.

[47]MARTIN W C, LUEG J E. Modeling word-of-mouth usage[J]. Journal of business research, 2013, 66(7):801-808.

[48]MARTIN-NIEMI F, UREATBANKS R. The ha of blogs: enabling conditions for knowledge conversion in blog communities[J]. Journal of information and knowledge management systems, 2010, 40(1):7-23.

[49]MCMILLAN D. Sense of community[J]. Journal of community psychology, 1996, 24(4): 315-325.

[50]MCMILLAN D W, CHAVIS D W. Sense of community: A definition and theroy [J]. Journal of community psychology, 1986(14):6-23.

[51]MOON J W, KIM Y G. Extending the TAM for world wide web context

[J]. Information and management, 2001,38(4):217-230.

[52]NAMKUNG Y, JANG S C. Effects of perceived service fairness on emotions, and behavioral intentions in restaurants[J]. European journal of marketing, 2010,44 (10):1233-1259.

[53]NEWBROUGH J R, CHAVIS D M. Psychological sense of community [J]. Journal of community psychology,1986(14):3-5.

[54]ONES Q, RAVID G, RAFAELI S. Information overload and the message dynamics of online interaction spaces[J]. Information systems research, 2004,15 (2):194-210.

[55]OBST P,SMITH S G,ZINKIEWICZ L. An exploration of sense of community, Part3: Dimensions and predictors of psychological sense of community in geographical communities[J]. Journal of community psychology,2002,30(1):119-133.

[56]OKLESHEN C, GROSSBART S. Usenet groups, virtual community and consumer behaviors [J]. Advances in consumer research, 1998, 25(1): 276-282.

[57]PARK C W, EISINGERICH A B, PARK J W. Attachment-a-version (AA)model of customer -brand relationships[J]. Journal of consumer psycholog, 2013,23(2):22-248.

[58]PETTY R E, CACIOPPO J T. The elaboration likelihood model of persuasion [J]. Advances in experimental social psychology, 1986,19(1):123-205.

[59]RICHINS M L. Negative Word-of-Mouth by dissatisfied consumers: A pilot study[J]. Journal of marketing,1983,47(1): 68-78.

[60]SARASO S B. The psychological sense of community: Prospects for community psychology[M]. San Fnancisso:Jossey Bass,1994.

[61]SHANKAR V, INMAN J J, MANTRALAM. Innovations in shopper marketing:Current insights and future research issues[J]. Journal of Retailing ,2011,87 (1):29-42.

[62]SPEARS R, POSTMES T. Group identity,social influence, and collective action online[J]. The Handbook of the Psychology of Communication Technology,

2015:23-46.

[63] SUSSMAN S W, SIEGAL W S. Informational influence in organizations: An integrated approach to knowledge adoption[J]. Information Systems Research, 2003,14(1):47-65.

[64] TAMJIDYAMCHOLO A, BABA M S B, SHUIB N L M, et al. Evaluation model for know ledge sharing in information security professional virtual community [J]. Computers and Security, 2014,43: 19-34.

[65] TONTERI L. Antecedents of an experienced sense of virtual community [J]. Computers in Human Behavior, 2011,27(6):2215-2223.

[66] TSAI Y, et al. Modeling the relationship between IT-mediated social capital and social support: Key mediating mechanisms of sense of group[J]. Technological Forecasting g. Social Change, 2012, 79(9): 1592-1604.

[67] WALSH G, SHIU E, HASSAN L M, et al. Emotions, store-environmental cues, store choice criteria, and marketing outcomes[J]. Journal of Business Research, 2011,64(7):737-744.

[68] WANG K. Sense of community and political mobilization in virtual communities The role of dispositional and situational variable[J]. Observatorio Journal, 2010,4(1):73-96.

[69] ZAICHKOWSKY J L. Measuring the involvement construc[J]. The Journal of Consumer Research, 1985,12(3):341-353.

[70] ZHENG Y M, ZHAO K, STYLIANOU A. Theim packs of information quality and system quality on users' continuance intention in information-exchange virtual communities: An empirical investigation[J]. Decision Support System, 2013, 56(12): 513-524.

[71] ZHOU T. Understanding online community user participation: A social influence perspective[J]. Internet Research,2011,21(1):67-81.

[72] 曹妍."完美"营销日记[J]. 现代广告,2020(17):26-28.

[73] 常亚平,邱媛媛,阎俊,等. 虚拟社区知识共享主体对首购意愿的作用

机理研究[J].管理科学,2011,24(2):74-84.

[74]常亚平,朱东红,张金隆.虚拟社区知识共享与消费者品牌转换的关系研究[J].管理学报,2009,6(11):1536-1540+1554.

[75]陈明红,刘莹,漆贤军.学术虚拟社区持续知识共享意愿研究:启发式—系统式模型的视角[J].图书馆论坛,2015,35(11):83-91.

[76]陈茜.完美日记,"爆红国货"养成记[J].商学院,2020(5):44-47.

[77]陈希,王雨思.转型中"非主流"青少年社交视频网站哔哩哔哩的媒介内容生产与消费生态[J].艺术评论,2020(8):58-70.

[78]池俊达.小米手机社会化媒体品牌传播营销策略分析[J].科学咨询(科技·管理),2019(12):93.

[79]储坛明.基于SOR理论的消费者网购渠道选择意愿研究[D].北京:邮电大学,2018.

[80]崔璇,常玉.虚拟社区适合中国的感知量表初探[J].情报杂志,2009,28(12):182-185+130.

[81]邓携敏.网络口碑对产品销量的影响研究[D].成都:电子科技大学,2020.

[82]董晓松,张继好.消费者涉入度研究综述[J].商业时代,2009(12):18-19.

[83]董政宽.品牌直播用户体验对品牌情感的影响研究[D].武汉:湖北大学,2018.

[84]杜伟强,于春玲,赵平.参照群体类型与自我—品牌联系[J].心理学报,2009,41(2):156-166.

[85]冯俊,路梅.移动互联时代直播营销冲动性购买意愿实证研究[J].软科学:2020,34(12):128-133+144.

[86]高慧.网红口碑对消费者购买意愿的影响研究[D].济南:山东大学,2020.

[87]高沛伦.哔哩哔哩弹幕视频网的整合营销传播研究[D].南昌:江西财经大学,2020.

[88]高山.问答型虚拟社区用户满意度影响因素研究[D].合肥:安徽大学,2013.

[89]韩佳桐,赵树梅.哔哩哔哩弹幕网的营销策略分析[J].商展经济,2020(3):53-59.

[90]贺爱忠,李雪.在线品牌社区成员持续参与行为形成的动机演变机制研究[J].管理学报,2015(5):733-743.

[91]洪青卉,尹莺,陈继林,等.新零售业态下企业营销模式分析:以小米公司为例[J].价值工程,2020,39(17):103-105.

[92]洪武军.虚拟社区感对众包社区用户知识共享的影响研究[D].南昌:江西师范大学,2019.

[93]胡斌.基于消费者认知的品牌关系形成分析[J].现代管理科学,2014(3):115-117.

[94]黄敏学,廖俊云,周南.社区体验能提升消费者的品牌忠诚吗:不同体验成分的作用与影响机制研究[J].南开管理评论,2015,18(3):151-160.

[95]姜凌,王成璋,姜楠.奢侈与大众:参照群体影响下的自我—品牌联系[J].商业经济与管理,2009(9):73-80.

[96]金立印.网络口碑信息对消费者购买决策的影响:一个实验研究[J].经济管理,2007,22(29):36-42.

[97]金韶,倪宁."社群经济"的传播特征和商业模式[J].中国传媒大学学报,2016(4):113-117.

[98]赖胜强.基于SOR模式的口碑效应研究[D].成都:西南财经大学,2010.

[99]李丹丹,张怡佳.狂欢理论视域下视频平台的UGC与传播:以哔哩哔哩为例[J].青年记者,2020(26):98-99.

[100]李嘉琪.移动健身虚拟社区用户体验对品牌忠诚的影响研究[D].广州:华南理工大学,2018.

[101]李进华,张婷婷.社会化问答知识分享用户感知有用性影响因素研究:以知乎为例[J].现代情报,2018,38(4):20-28.

[102] 李晶,漆贤军,陈明红. 信息质量感知对信息获取与信息采纳的影响研究[J]. 情报科学,2015,33(3):123-129.

[103] 李蓉丽,范玉丽. 新消费背景下小品牌快速崛起路径分析:以完美日记为例[J]. 金融经济,2020(10):85-90.

[104] 李英,王晨筱,李晓,等. 消费者涉入度国外研究综述[J]. 商业经济研究,2015(22):55-56.

[105] 李正良,韩利君. 从弱关系到强关系:私域流量中的用户关系新建构[J]. 现代广告,2020(20):42-46+64.

[106] 李梓慧. 基于SOR模型的再制造电子产品购买意愿研究[D]. 上海:华东师范大学,2019.

[107] 梁文玲,杨文举. 虚拟品牌社区信息质量对社区用户持续参与意愿的影响研究[J]. 情报杂志,2016,35(11):195-201.

[108] 梁莹. 社区电商负面网络口碑传播效果的影响因素研究[D]. 广州:广东外语外贸大学,2020.

[109] 刘蕾,于春玲,赵平. 图文信息对消费者互动行为及品牌关系的影响[J]. 管理科学,2018,31(1):90-100.

[110] 刘平胜,石永东. 直播带货营销模式对消费者购买决策的影响机制[J]. 中国流通经济,2020,34(10):38-47.

[111] 刘新,杨伟文. 虚拟品牌社群认同对品牌忠诚的影响[J]. 管理评论,2012,24(7):102-104.

[112] 刘新,杨伟文. 虚拟品牌社群影响品牌忠诚的途径及对策[J]. 价格理论与实践,2010(12):78-79.

[113] 卢宝周,张涛,王雪琪. 社会化商务平台中在线购买决策影响因素分析[J]. 经济问题探索,2015(6):46-54.

[114] 陆微. 基于虚拟品牌社区的关系营销研究:以小米社区为例[J]. 山西农经,2019(12):116-118.

[115] 吕元媛. 社会化媒体营销环境下网络直播对消费行为的影响[J]. 现代营销(下旬刊),2020(9):124-125.

[116]马嘉良. 基于SOR理论的单机游戏设计与玩家沉浸体验研究[D]. 北京:北京外国语大学,2019.

[117]马双,王永贵. 虚拟品牌社区重在"维系情感"还是"解决问题":基于承诺的差异性影响的实证研究[J]. 经济管理,2015(1):77-86.

[118]毛波,尤雯雯. 虚拟社区成员分类模型[J]. 清华大学学报(自然科学版),2006,46(1):1069-1073.

[119]彭晓东,申光龙. 虚拟社区感对顾客参与价值共创的影响研究:基于虚拟品牌社区的实证研究[J]. 管理评论,2016(11):106-115.

[120]邱静涵. 移动短视频App用户持续使用行为影响因素研究[D]. 重庆:西南大学,2020.

[121]曲霏,张慧颖. 非交易型虚拟社区用户体验对持续使用意向的影响研究[J]. 情报杂志,2015,34(9):185-191.

[122]沙金余. 面向社交电子商务的消费者行为研究[D]. 杭州:浙江工商大学,2018.

[123]石惟嘉. 疫情背景下短视频直播行业的现象分析[J]. 新闻前哨,2020(10):36-37.

[124]孙红. 虚拟社区知识共享对消费者品牌态度的影响[J]. 商业经济研究,2018(2):50-52.

[125]孙倩. 虚拟品牌社区在线评论感知有用性对顾客契合影响研究[D]. 武汉:武汉理工大学,2019.

[126]唐妍. 内容营销模式研究[J]. 合作经济与科技,2020(20):85-87.

[127]唐至博. 网易云音乐虚拟社区感对消费者购买意愿的影响研究[D]. 杭州:浙江工商大学,2019.

[128]汪雅倩. 从"线上交往"到"线下模仿":视频博主对用户虚拟交往及购买意愿的影响因素研究:以哔哩哔哩为例[J]. 新闻与传播评论,2020,73(6):73-85.

[129]王德胜,王建全. 负面网络口碑对消费者品牌转换行为的影响机制研究:基于虚拟社区涉入的视角[J]. 中国软科学,2013(11):112-122.

[130]王琳琳.新零售背景下品牌社群体验设计研究[D].无锡:江南大学,2020.

[131]王玮,刘玉.消费者持续使用新兴在线旅游网站的实证研究:顾客满意度和信任的中介作用[J].暨南学报(哲学社会科学版),2014,183(4):84-92.

[132]王一梦.小米的微博营销[J].商场现代化,2020(13):70-72.

[133]王正方,杜碧升,屈佳英.基于感知价值的消费者网络购物渠道选择研究:产品涉入度的调节作用[J].消费经济,2016(4):91-97.

[134]王卓慧.国产美妆品牌的崛起:"完美日记"营销策略分析[J].传媒论坛,2020,3(4):143+148.

[135]乌力雅苏,徐彩苏.4C理论下的虚拟品牌社区营销研究:以小米社区为例[J].现代商贸工业,2020,41(29):57-58.

[136]吴麟龙,汪波.虚拟品牌社区对品牌关系的影响机制研究:以小米社区为例[J].管理案例研究与评论,2015,8(1):71-83.

[137]项蕾.哔哩哔哩:一种"表达赋权"的可能[J].花城,2020(4):204-209.

[138]肖勇,张凯,张静.社会化媒体品牌传播营销策略分析:以小米手机为例[J].南昌师范学院学报,2019,40(3):134-140.

[139]谢沐男.网络意见领袖对化妆品消费者购买意愿的影响研究[D].昆明:云南财经大学,2020.

[140]谢毅,彭泗清.两类企业公开信息及其交互作用对消费者品牌关系的影响[J].南开管理评论,2009,12(1):71-83.

[141]邢征宇.网络社群中意见领袖的商业价值研究[D].南昌:江西财经大学,2020.

[142]徐光,张雪,李志刚.基于虚拟社区感知与社区参与动机影响的社会资本与组织公民行为关系研究[J].管理评论,2016(7):213-225.

[143]徐小龙,王方华.虚拟社区的知识共享机制研究[J].自然辩证法研究,2007,23(8):83-86.

[144]徐孝娟,赵宇翔,吴曼丽,等. SOR 理论视角下的社交网站用户流失行为实证研究[J]. 情报杂志,2017,36(7):188-194.

[145]许杉. 虚拟社区感对社区互动氛围的影响研究[D]. 济南:山东大学,2020.

[146]杨春. 消费者品牌依恋的内容结构及其相关研究[D]. 广州:暨南大学,2009.

[147]杨娟. 在线品牌社区互动行为对消费者品牌忠诚的影响研究[D]. 济南:山东大学,2019.

[148]杨守恒. 社交媒体环境下知识付费产品购买意愿的影响因素研究[D]. 深圳:深圳大学,2020.

[149]杨爽. 信息质量和社区地位对用户创造产品评论的感知有用性影响机制:基于 Tobit 模型回归[J]. 管理评论,2013,25(5):136-143,154.

[150]杨爽. 虚拟社区成员的双重身份对口碑效力的影响:社区涉入度和群体失调的调节作用[J]. 消费经济,2015,31(6):68-73.

[151]杨振宇,薛瑶. 用户参与虚拟品牌社区价值共创对企业效益的影响分析:以哔哩哔哩为例[J]. 商业经济,2019(7):117-118+187.

[152]喻昕,许正良. 网络直播平台中弹幕用户信息参与行为研究:基于沉浸理论的视角[J]. 情报科学,2017(10):147-151.

[153]张剑渝,杜青龙. 参考群体、认知风格与消费者购买决策:一个行为经济学视角的综述[J]. 经济学动态,2009(11):83-86.

[154]张俊雅. 在线品牌社群参与度对品牌忠诚的影响研究[D]. 北京:首都经济贸易大学,2019.

[155]张蒙. 食品安全虚拟社区知识共享影响因素与作用机理研究[D]. 长春:吉林大学,2016.

[156]张苗苗,王文斌. 粉丝文化视域下网络直播带货的特点探析[J]. 记者摇篮,2020(11):42-43.

[157]张启尧,孙习祥,才凌惠. 外部线索对消费者绿色品牌购买意愿影响研究:认知风格的调节作用[J]. 商业经济与管理,2016(11):46-59.

[158]张晓亮.虚拟社区用户持续知识共享行为研究[D].杭州:浙江工商大学,2015.

[158]赵玲,鲁耀斌,邓朝华.基于社会资本理论的虚拟社区感研究[J].管理学报,2009,6(9).

[160]赵烨楠,吴姗姗."新国产美妆"是如何进入我们视野的?[J].日用化学品科学,2019,42(12):50-52.

[161]郑紫薇.网络口碑对消费者购买行为的影响研究[D].石家庄:河北经贸大学,2020.

[162]周涛,陈可鑫.基于SOR模型的社会化商务用户行为机理研究[J].现代情报,2018,38(3):51-57.

[163]周涛,鲁耀斌.基于社会资本理论的移动社区用户参与行为研究[J].管理科学,2008,2(3):43-50.

[164]朱振中,李晓丹,梁美丽.虚拟社区感研究述评与展望[J].外国经济与管理,2014,36(4):36-46.

[165]周文辉,陈凌子,邓伟,等.创业平台、创业者与消费者价值共创过程模型:以小米为例[J].管理评论,2019,31(4):283-294.

附录 虚拟品牌社区知识分享对消费者—品牌关系的影响研究

尊敬的被访者：

您好！感谢您在工作学习之余填写这份问卷！我是河南大学商学院的硕士研究生，此次问卷调查是出于课题研究需要。本次问卷采用匿名填写方式，不涉及个人隐私，您的问卷结果会保密不外泄，请您客观真实地填写本次问卷。

【注：虚拟品牌社区可以类比华为的"花粉俱乐部"、小米的"小米社区"、小红书、蘑菇屋、汽车之家、微博话题等。简而言之就是某品牌的爱好者聚集在一个虚拟的社区环境中，浏览或分享关于该品牌的信息与心得。】

一、基本信息

1. 您的性别	○男　○女
2. 您的年龄	○18岁及以下　○19~30岁　○31~40岁　○41岁及以上
3. 您的受教育程度	○初中及以下　○高中　○大学　○硕士及以上
4. 您的月收入是多少	○3000元及以下　○3001~5000元　○5001~8000元　○8001元及以上
5. 您关注某虚拟品牌社区的类别主要是	○化妆品　○手机　○机动车　○其他
6. 您访问虚拟品牌社区的动机是什么	○分享知识　○获得信息　○互动聊天　○其他
7. 您关注某虚拟品牌社区的时间有多长	○1年及以下　○2~3年　○4~5年　○6年及以上

二、以下是对您参与的虚拟品牌社区知识分享质量的测量，请根据您的实际情况作答

	非常不同意	比较不同意	一般	比较同意	非常同意
1. 该虚拟品牌社区里的成员分享的知识与品牌很相关	1	2	3	4	5
2. 该虚拟品牌社区里的成员分享的知识是准确的	1	2	3	4	5
3. 该虚拟品牌社区上的成员分享的知识是完整的	1	2	3	4	5
4. 该虚拟品牌社区上的成员分享的知识是可靠的	1	2	3	4	5

三、以下是对您参与的虚拟品牌社区的知识分享主体（信息发送者）的测量，请根据您的实际情况作答

	非常不同意	比较不同意	一般	比较同意	非常同意
1. 该信息发送者熟悉购买该商品的相关知识	1	2	3	4	5
2. 该信息发送者在该商品领域算是一个行家	1	2	3	4	5
3. 该信息发送者对该商品有丰富的购买或使用经验	1	2	3	4	5
4. 该信息发送者在社区发布的精华帖数量很多	1	2	3	4	5
5. 该信息发送者在社区的威望值很高	1	2	3	4	5
6. 该信息发送者在社区发帖、回帖的积极性很高	1	2	3	4	5

四、以下是有关您参与的虚拟品牌中社区虚拟社区感的测量，请根据您的实际情况作答

	非常不同意	比较不同意	一般	比较同意	非常同意
1. 我觉得自己是这个社区中的一名成员	1	2	3	4	5
2. 我觉得社区里的成员就像我的好朋友一样	1	2	3	4	5
3. 我喜欢该社区的成员	1	2	3	4	5
4. 我对该社区有一种归属感	1	2	3	4	5
5. 我在该社区里花费了很多时间	1	2	3	4	5
6. 我会经常去逛该社区	1	2	3	4	5
7. 我花在该虚拟社区里的时间比预想中多	1	2	3	4	5
8. 我因为参与社区的活动而影响了其他活动安排	1	2	3	4	5

五、以下是有关您产品涉入度调节导向的测量，请根据您的实际情况作答

	非常 不同意	比较 不同意	一般	比较 同意	非常 同意
1. 我觉得使用该品牌商品对我来说是重要的	1	2	3	4	5
2. 我觉得使用该品牌商品与我的生活息息相关	1	2	3	4	5
3. 我觉得使用该品牌商品对我来说是很有意义的	1	2	3	4	5
4. 我觉得使用该品牌商品对我来说是需要的	1	2	3	4	5

六、以下是有关您与该品牌关系的测量，请根据您的实际情况作答

	非常 不同意	比较 不同意	一般	比较 同意	非常 同意
1. 我对该品牌很忠诚	1	2	3	4	5
2. 该品牌临时缺货时，我愿意等待	1	2	3	4	5
3. 该品牌是我购买同类商品的首选	1	2	3	4	5
4. 当该品牌遇到问题时，我觉得自己会给予它鼓励和支持	1	2	3	4	5
5. 该品牌能满足我的需求	1	2	3	4	5
6. 我愿意向其他人推荐该品牌	1	2	3	4	5
7. 我对该品牌的产品和提供的服务很熟悉	1	2	3	4	5
8. 我熟知该品牌相关知识	1	2	3	4	5
9. 我对该品牌非常满意	1	2	3	4	5
10. 该品牌让我感到很高兴	1	2	3	4	5
11. 该品牌的表现超过了我的预期	1	2	3	4	5
12. 该品牌能够反映我的个性	1	2	3	4	5
13. 该品牌非常适合我	1	2	3	4	5
14. 该品牌很能说明我想成为什么样的人	1	2	3	4	5
15. 跟人与人之间的关系一样，我和该品牌有某种情感上的联系	1	2	3	4	5

问卷结束，感谢您的作答！